»I believe the world needs more Canada.«

Bono, irischer Musiker

*Fotograf **Frank Heuer** hat einen ganzen Sommer in Kanada verbracht, war immer wieder auch zu Fuß unterwegs. Landschaft und Menschen haben es ihm leicht gemacht, tolle Motive zu finden.*

*Die Journalistin **Manuela Imre** lebt in Toronto, von dort aus ist sie immer wieder auch im Westen des Landes unterwegs – und hat ihn bei einem Gletscherflug sogar von oben erkundet.*

Liebe Leserinnen, liebe Leser!

Der 1. Juli ist der kanadische Nationalfeiertag. 2017 war es ein besonderer Tag, Kanada beging sein 150-jähriges Bestehen im ganzen Land mit diversen Veranstaltungen und Festivals. Doch damit nicht genug, gefeiert wird gleich ein ganzes Jahr lang. Ein Kultur-Event löst das andere ab und vielerorts ist der Eintritt in Nationalparks und Museen kostenlos. Natürlich ist das Jubiläumsjahr auch ein guter Grund, einen neuen DuMont Bildatlas über Kanadas Westen herauszugeben.

Unendliche Weite und Wildnis pur

Die grandiose Landschaft ist für viele der Hauptgrund für eine Reise nach Kanada. Die Rocky Mountains stehen für weitgehend unberührte Wildnis. Yoho und Kootenay National Park in British Columbia sowie Banff und Jasper National Park in Alberta bilden einen gigantischen Naturraum, dem die UNESCO den Welterbestatus verliehen hat. Hier kann man jede Menge Outdoorspaß und manchen Adrenalinkick erleben. Einige waghalsige Unternehmungen präsentieren wir Ihnen auf S. 96 f. Unsere Autorin Manuela Imre war auf der Via Ferrata unterwegs, passierte dabei schwankende Hängebrücken und hielt beim Wildwasserrafting in Yukon mehr als einmal die Luft an. Weit entspannter ist das Abtauchen in Naturpools (S. 20 f.). Wenn Sie auf Vancouver Island unterwegs sind, lassen Sie sich die Hot Springs Cove bei Tofino nicht entgehen! Der Weg dorthin war für mich fast so schön wie das Ziel selbst.

Quirlige Vielfalt in den Städten

Den Gegenpol zu so viel herrlicher Natur bilden die Metropolen im Westen des Landes, Vancouver und Calgary, aber auch Winnipeg und Edmonton locken mit moderner Architektur, viel Kunst und einer lebendigen Szene. Vancouver hat sich zum Hot Spot der Kreativen entwickelt. Sie hinterlassen mit kunterbunten Werken, mit angesagten Galerien und Läden Spuren im Stadtbild. Mehr dazu im DuMont Thema auf S. 32ff. Angesichts dieser Vielseitigkeit kann man sich dem Urteil des irischen Rockstars Bono nur anschließen (damit warb er im Nov. 2003 bei einem Parteitag der kanadischen Liberalen für Afrika-Hilfe): Die Welt braucht mehr Kanada!

Herzlich

Ihre

Birgit Borowski

Birgit Borowski
Programmleiterin DuMont Bildatlas

Impressionen

Vancouver

Vancouver Island

British Columbia Süd

UNSERE FAVORITEN

BEST OF ...

102 Kanadas Städte investieren in moderne Architektur, hier Winnipeg.

Von British Columbia nach Yukon 88 – 101
Alberta/Northwest 70 – 87
BC Süd 54 – 69
Vanc. Is. 40 – 53
Vancouver 22 – 39
Prärieprovinzen 102 – 115
1
2
3
4
5
6
7
8
9
10
11
12
Maßstab 1:19.000.000
0
400 km
PACIFIC OCEAN
Gulf of Alaska
Beaufort Sea
Canada Basin
Chukchi Plateau
Queen Elizabeth Islands
Sverdrup Islands
Ellesmere Island
Parry Islands
Banks Island
Victoria Island
Baffin Bay
Baffin Island
Hudson Bay
Foxe Basin
Barren Grounds
ROCKY MOUNTAINS
GREAT PLAINS
Alaska
Alaska Range
Brooks Range
North Slope
Yukon Plateau
Mackenzie Mountains
Selwyn Mts.
Richardson Mts.
British Mts.
Franklin Mts.
Cassiar Mts.
Coast Mountains
Cascade Range
Coast Ranges
Sierra Nevada
Great Basin
Columbia Plateau
Colorado Plateau
Bitterroot Range
Wasatch Ra.
Great Bear Lake
Great Slave L.
L. Athabasca
Lake Winnipeg
Great Salt Lake
Prudhoe Bay
Fairbanks
Anchorage
Whitehorse
Juneau
Yellowknife
Fort Simpson
Ft. Nelson
Dawson Creek
Edmonton
Calgary
Saskatoon
Regina
Winnipeg
Vancouver
Victoria
Seattle
Spokane
Portland
Eugene
Boise
Billings
Salt Lake City
Reno
Sacramento
San Francisco
San Jose
Las Vegas
Denver
Albuquerque
Fargo
Churchill
Arviat
Haida Gwaii (Queen Charlotte Is.)
Alexander Archipelago
Denali (Mt. McKinley) 6168
Mt. Logan 5959
Mt. St. Elias
Mt. Fairweather 4669
Mt. Waddington 4042
Mt. Rainier 4392
Mt. St. Helens 2950
Mt. Hood 3427
Mt. Shasta 4317
Mt. Whitney 4418
Death Valley -86
Gd. Teton Pk. 4196
Kings Peak 4114
Longs Pk. 4345
Mt. Elbert 4399
Humphreys Pk. 3862
Wheeler Pk. 3982

Topziele

Die bedeutendsten Sehenswürdigkeiten und Erlebnisse in Kanadas Westen, die Sie auf keinen Fall versäumen dürfen, haben wir auf dieser Seite für Sie zusammengestellt. Auf den Infoseiten ist das jeweilige Highlight als **TOPZIEL** *gekennzeichnet.*

NATUR

3

ERLEBEN

12

11

6

KULTUR

GENIESSEN

Magische Gletscherwelten

Die eisigen und bergigen Landschaften des Kluane National Park im Yukon wirken wie aus einer anderen Welt. Der Blick aus der Cessna geht auf die sagenhaft weißen, sanft geschwungenen Wege, die von Naturgewalten wie dem Kaskawulsh-Gletscher hinterlassen wurden. Zwischendrin heben sich die Gipfel von Pinnacle Peak oder Mount Kennedy in den blauen Himmel – am höchsten ist aber der majestätische Mount Logan: mit 5959 Metern bildet er Kanadas Spitze.

Stadtflair: Vancouvers Vielfalt

Die malerische Stadt am Ozean ist nicht nur für Sportbegeisterte top: Auch Kulturfans und Kulinarikliebhaber finden hier ein lässiges und entspanntes Mekka. Multikulti wird groß geschrieben, die Vielfalt an Restaurants ist beeindruckend. Unweit der Granville Street wartet in Downtown Vancouver entlang der Robson Street zudem eine hippe Meile für Fashion-Fans. Ein Bonus: Cafés, Konditoreien und Bars sind immer zu Fuß erreichbar – ebenso wie der nächste Park.

EXCEPT
BUSES
3
3PM-7PM
Howe St

Die Wucht der Rockies

Alberta hat alles, was man sich unter Kanadas Westen vorstellt: Die Rocky Mountains, die mit ihren schneebedeckten Gipfeln immer aufs Neue für Gänsehaut sorgen. Klare Bergseen wie den Lake Louise (Bild), auf deren Oberfläche sich die Wolken spiegeln und dichte Wälder, die sich kilometerweit ausbreiten. Für Wanderfans, Wassersportfreunde und Naturliebhaber das perfekte Dreigestirn für malerische Erkundungen.

Zwischen uralten Zedern

Vancouver Island ist durch Tofino bekannt für Surfstrände, durch Victoria für hübsche Kolonialbauten. Doch auch die Wälder der Insel sind eine ausgiebige Wanderung wert. Mehrere hundert Jahre alte Zedern ragen im Cathedral Crove des MacMillan Provincial Park aus dem Waldboden. Einige davon sind bis zu 75 Meter hoch. Ein eben verlaufender Weg führt zu den Baumgiganten.

Ein Blick auf die raue See

Der älteste Leuchtturm der Westküste stammt von 1860 und sitzt auf einer grauen Felsplatte über dem tiefblauen Wasser. „Fisgard Lighthouse“ auf Vancouver Island in der Nähe des Städtchens Colwood bietet einen malerischen Blick über die Esquimalt Lagoon. Die reichen Fischgründe vor der Küste bildeten für die First Nations eine wichtige Nahrungsquelle. Heute bringen viele Restaurants die Meersfrüchte frisch auf den Tisch.

Wo die Cowboys zu Hause sind

Kein Trip nach Alberta sollte ohne eine gute Portion Cowboyleben enden. Während es in Städten wie Calgary in Bars oder auf der jährlichen Stampede zelebriert wird, wartet in den weitläufigen Prärielandschaften wie rund um den South Saskatchewan River (Foto) das wahre Wildwestgefühl. Auf dem Rücken der Pferde bekommt man für die Dimension des Landes ein ganz neues Gefühl. Auch die entspannte Lässigkeit mit der die Cowboys ihr Ranchleben anpacken, bringt Land und Leute näher.

UNSERE FAVORITEN

Die schönsten Naturquellen

Heiß, heißer, hot Springs

Herrlich, nach einer langen Wanderung die Muskeln in warmen Badewannenwassser zu entspannen. Wenn der Pool auch noch mitten in der Natur steht und mit gesundem Quellwasser gefüllt ist, perfekt! Im kanadischen Westen trifft man immer wieder auf Hot Springs, umgeben von Felsen und dichten Wäldern.

1 Hot Springs Cove, Tofino

Die Hot Springs Cove in Tofino muss man sich erarbeiten, aber da die gut zwei Kilometer lange Wanderung durch einen malerischen Wald führt, ist der Weg fast so schön wie das Ziel. Zunächst geht es aber per Boot oder mit dem Wasserflugzeug zum Maquinna Provincial Park. Dort klettert man eine halbe Stunde über Holzstufen durch besagten verwunschen wirkenden Regenwald. Eine nette Unterhaltung sind die Nachrichten, Heiratsanträge und Liebesbekundungen, die kunstvoll in die Holzbretter des Pfades eingraviert wurden. Als Belohnung wartet nach dem Trail die Naturbadewanne hinter hohen Felsen versteckt. Auf mehrere Pools verteilt aalen sich kleine Grüppchen in den erstaunlich bequemen Granitnischen. Badesachen, Handtuch sowie Lunch oder Snack mitbringen. Auf dem hohen Gestein über den Quellen hat man einen berauschenden Ausblick aufs Wasser.

Jamie's Tofino Station
Tel +1 250 725 39 19
www.jamies.com

2 Harrison Hot Springs

1858 zufällig von Goldsuchern entdeckt, wird die wärmende Kraft der Mineralquellen Potash und Sulphur an der Südspitze des Harrison Lake seit 1886 für erholsame Bäder genutzt. Der Ort hat mittlerweile eine Therme um die 38 °C heißen Quellen gebaut. Die Anlage des schönen Spas mit mehreren Becken ist mit direktem Blick auf See und Berge naturnah; auch ein Romantik-Special mit Champagner am Pool, Massagen und Beauty-Behandlungen wird geboten.

100 Esplanade Ave
Harrison
Tel +1 604 796 22 44
www.harrisonresort.com

3 Banff Upper Hot Springs

Auf 1585 Metern Höhe gelegen, sind die Banff Upper Hot Springs die höchsten heißen Pools in Kanada. Und bereits bei der spektakulären Szenerie wird einem warm ums Herz: Der Blick geht auf Mount Roundle, dahinter recken sich dunkle Tannen in den Himmel. Wer im Winter vorbeischaut, ist vom schneebedeckten Waldpanorama umgeben. Dabei kann es noch so kalt und winterlich sein: Das Wasser im Becken bleibt garantiert bei gemütlichen 38 °C. Das versöhnt mit der etwas überlaufenen und weniger romantischen Atmosphäre im Pool. Da die Quellen beliebt sind, sollte man es am besten machen wie die Locals und die frühen Morgenstunden zum entspannteren Baden bei den Pools wählen.
Neben der pittoresken Lage haben die Quellen auch historische Bedeutung für die Umgebung: Im Zuge der Entdeckung der Upper Hot Springs 1884 ist anschließend der Naturpark von Banff entstanden.

4 km südl. v. Banff
www.pc.gc.ca/en/voyage-travel/promotion/sources-springs/banff

4 Miette Hot Springs

Dass die Hot Springs mitten im Jasper National Park liegen, sagt fast schon alles: Die Fahrt zu den Miette Quellen versetzt in Bestlaune. Entlang einer kurvigen Panoramastraße im Fiddle Valley fährt man immer tiefer in die kanadische Wildnis. Für einen noch etwas dramatischeren und imposanteren Touch heben sich dann um das Becken herum die Rockies aus dem Tal. Umgeben von Tannenwald lässt sich also mit allen Sinnen Szenerie und Quellwasser genießen. Die Miette Springs sind perfekt für besonders kalte Tage – denn das Wasser, das aus den Bergen kommt, ist blubbernde 54 °C heiß! Für die Badebesucher wird es auf bekömmliche 40 °C heruntergekühlt. Ein kleiner Bonus der Anlage mit ihren zwei großen und zwei kleineren Becken: Das Fiddle Valley Café versorgt mit Lunch oder Snacks. Wer selbst etwas mitbringt, kann an den Picknicktischen mit Blick auf die Szenerie schlemmen.

Jasper
Tel +1 780 866 39 39
www.pc.gc.ca/eng/voyage-travel/sources-springs/miette/miette.aspx

5 Radium Hot Springs

Die heißen Quellen am Südeingang des Kootenay National Parks waren bereits den First Nations der Gegend bekannt. Der Legende nach soll George Simpson, Chef der Hudson´s Bay Company, als erster namentlich bekannter Gast ein Bad im damaligen Kiesbecken genommen haben. Mittlerweile wurden zwei Poolbecken gebaut, die versteckt zwischen Bäumen liegen. Die Radium Springs werden von schwach radioaktivem Radon angereichert.

Kootenay National Park
Tel +1 250 347 94 85
www.pc.gc.ca/eng/voyage-travel/sources- springs/radium/radium.aspx

6 Takhini Hot Pools

28 km außerhalb von Whitehorse gelegen, von First Nations und Goldgräbern genutzt, hat William Allen Puckett 1907 das Land mit den Hot Springs für 2 Dollar erstanden. Er nutzte die Quellen privat für entspannende Bäder. Während des Krieges ruhten sich die Arbeiter der US-Armee nach den langen Arbeitstagen beim Bau des Alaskan Highways im heißen Wasser aus. Heute sind die Pools modern vergrößert und am Abend bunt beleuchtet. Vom heißen Wasser einfach in den Sternenhimmel zu schauen, ist allerdings der schönste, natürlichste und vor allem mineralienreichste Bonus der Quellen. Neu sind die angrenzende Campinganlage und ein Hostel mit Stockbetten, einer Gemeinschaftsküche und großer Außenterrasse. Bonus: Hostelgäste bekommen 20 % Rabatt für den 12 $ teuren Einlass bei den Hot Springs.

KM 10/Mile 6 Takhini Hotsprings Road
Whitehorse
Tel. +1 867 456 80 00
www.takhinihotpools.com

CACTUS CLUB CAFE
NOW HIRING
ON-SITE TODAY

Boom-City mit Traumlage

Vancouver wächst – ständig und in alle Richtungen. Ob nach oben in Form von Hochhäusern, nach unten mit Gärten oder in seiner DNA: Als eine der ethnisch buntesten Städte ist der Multikulti-Pegel hoch. Nur in die Breite, da wird es problematisch. Auf der einen Seite dehnt sich der Pazifik aus, auf der anderen umranden die North Shore Mountains die Stadt. Macht nichts, denn genau diese Ozean-Berg-Szenerie bringt der Stadt ihr spektakuläres Panorama.

Der Stanley Park ist einer der größten Stadtparks der Welt und bietet ausgiebig Raum zum Relaxen, etwa am English Bay Beach.

Downtown Vancouver: Hochhäuser wie die in der Thurlow Street (rechts) und der Burrard Street (Mitte, mit dem Brunnen der Pioniere), erzählen vom ungebrochenen Wachstum.

Unten: Die Stadt steht für eine unaufgeregte Atmosphäre, nicht nur zur Cocktailstunde.

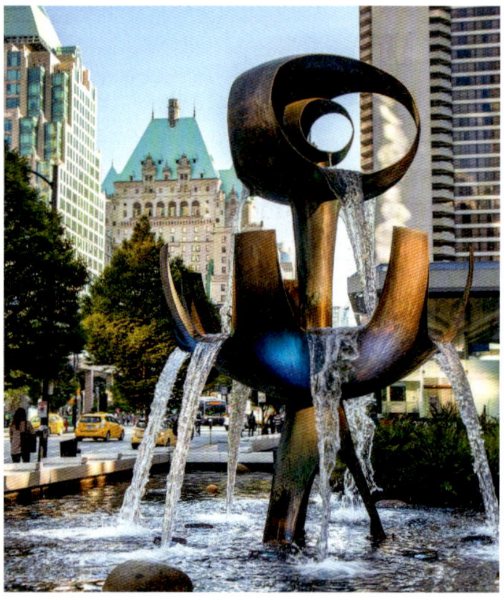

Stanley Park: Radeln, joggen, schwimmen, tauchen – Vancouver bietet jede Menge Möglichkeiten für sportliche Naturen.

Traumlage zwischen Ozean und Bergen, gute Jobs, mildes Klima: Vancouver boomt.

Bei Sonnenaufgang ein paar Runden mit dem Kajak drehen, dann mit dem Fahrrad ins Büro, in der Mittagspause beim Paddleboarding die Gedanken sammeln und am Abend noch eine Partie Golf – oder doch lieber die Skier einpacken und den Grouse Mountain hinuntersausen? Petes tägliches Bewegungspensum lässt einen bereits beim Zuhören aus der Puste kommen. Beim Gedanken an die Restaurant- und Kulturszene muss der Banker selbst abwinken: „mehr als genug“. Die Aussicht auf dieses „Good Life“, wie Pete es nennt, also eine Mischung aus tollen Freizeitangeboten, guten Jobs, Kultur, Nightlife und viel Natur, zog den Briten nach dem Börsencrash 2008 nach Vancouver, wie Tausende vor, mit und nach ihm.

Vielseitig und vielfältig

Dank der Traumlage zwischen Ozean und Bergen, einem milden Klima und dem lässigen Lebensstil, für den die Vancouverites bekannt sind, thront die Metropole regelmäßig an der Spitze von „Beste-Lebensqualität“-Ranglisten. Die Kriminalitätsrate ist gering, die Arbeitslosigkeit auch. Kein Wunder, dass die drittgrößte Stadt Kanadas am schnellsten und vielfältigsten wächst. Fast 2,5 Millionen Einwohner leben heute in Vancouver, knapp 40 Prozent davon wurden nicht in Kanada geboren. Während der Anteil der asiatischen Einwanderer besonders hoch ist, strömen aber auch aus allen anderen Teilen der Welt Menschen in die Hafenstadt. Der Aufprall in der fremden Kultur scheint hier sanfter: Liberal und kanadisch-nett gibt es kaum ethnische Spannungen.

Boom-City – Boom-Preise

Wenn zahlreiche Superlative locken, muss man mit entsprechenden Nebeneffekten rechnen: Vancouver ist das teuerste Pflaster des Landes, vor allem die Wohnungspreise erreichten in den vergangenen Jahren astronomische Höhen. Zwar ebbt der Bau-Boom keineswegs ab – vor allem in Downtown entstehen auf jedem freien Fleckchen funkelnde Glaskästen –, doch auch die Nachfrage steigt stetig. Vor allem von jungen vermögenden Käufern. Das treibt die Mieten und Kaufpreise an. Immer mehr Tech-Unternehmen entdecken die Lage, der Anteil an Start-up-Gründern, Entrepreneuren und Freischaffenden ist hoch: In coolen Cafés wie dem „Nelson the Seagul“ oder „Timbertrain Coffee Roasters“ wird an Laptops gearbeitet und „Cold Brew“ (kalt aufgegossener, über Nacht gezogener Kaffee) getrunken. Man geht in den kleinen Designer-Boutiquen hipper Nachbarschaften wie Main Street shop-

Jede Viertelstunde stößt die Steam Clock in Gastown lautstark pfeifend Dampf aus, sehr zur Freude der Touristen, die die Uhr oft dicht umringen.

Genau richtig für ein Fotoshooting: die „A-maze-ing Laughter"-Installation des chinesischen Künstlers Yue Minjun im Morton Park, English Bay Beach.
Mitte rechts: Skulptur der indischstämmigen Künstlerin Bharti Kher in der Vancouver Art Gallery

Der jugendlich-frische Charakter der Stadt schlägt sich auch in einer ausgeprägten Lust am Ausgehen nieder (Bar Restaurant Terrasse Reflections).

English Bay Beach: Kaum scheint die Sonne, zieht es Vancouvers Einwohner mit Macht nach draußen. Denn die Regenschauer der Stadt sind berühmt-berüchtigt.

pen und in Gourmet-Supermärkten oder Bio-Lädchen Downtown einkaufen. Der Lebensstandard ist hoch.

Jung, liberal, aufgeschlossen

Der jugendlich-frische Charakter der Stadt mag am hohen Frischluft- und Bewegungspensum liegen, das die Bewohner hier tagtäglich absolvieren. Aber auch am vergleichsweise leichten Ballast, den Vancouvers Vergangenheit produziert hat. First-Nation-Stämme hatten das Burrard Inlet besiedelt, als die Spanier 1791 vorbeisegelten. Ein Jahr später beanspruchte George Vancouver das Land für Großbritannien, seit 1886 trägt die Stadt seinen Namen. Im gleichen Jahr erreichte der erste Zug der transkontinentalen Eisenbahn die mittlerweile brodelnde Stadt. Doch schon vorher, 1858, sorgte ein Goldrausch am Fraser River für den ersten Siedlungsboom. Der nächste kam mit den Holzfällern und dem Pelzhandel Ende der 1860er-Jahre. 1901 nannten 26 000 Menschen Vancouver ihr Zuhause, 1931 waren es bereits 246 000. Das Tempo legt seitdem mit jeder Dekade einen Zahn zu. Optimismus und Tatkraft bestimmten damals wie heute die Gesellschaft. Und die junge Geschichte der Stadt bewahrt vor knebelnden Traditionen oder festgefahrenen Strukturen. Der Blick geht immer nach vorne. Greenpeace wurde hier gegründet. Douglas Coupland prägte 1991 mit seinem Kultroman „Generation X" über das Ende der Baby-Boomer-Ära einen Schlüsselbegriff des postmodernen Zeitgeistes. Man ist aufgeschlossen und liberal. Gleichgeschlechtliche Ehen sind anerkannt, städtische Zuschüsse für Kunst und Kultur regelmäßig und Ansätze, die Kultur der First Nations stärker einzubinden, vielfältig.

Totemkunst und Regenbogenfarben

Ob im weitläufigen Museum of Anthropology oder unter blauem Himmel: Die meterhohen und aufwendig geschnitzten Totempfähle wie im Stanley Park sind wuchtige Zeitzeugen der Ureinwohner.

Sie stammen aus dem 19. bzw. frühen 20. Jahrhundert. Mit Festivals, Tanzabenden und Trommelnachmittagen bringen die Nachfahren heute die Rituale ihrer Ahnen verstärkt zurück ins Stadtbild. Und mittendrin die Rituale und Farben der neuen Welt. Hippies, Immigranten und Graffiti-Künstler haben Quartiere wie den einstmals heruntergekommenen Commercial Drive, auch „The Drive" genannt, zu einer der knalligsten und charmantesten Gegenden der Stadt gemacht. Davie Village wiederum erstrahlt an jeder Ecke in Regenbogenfarben – nicht nur zur alljährlichen Gay-Pride-Parade im August.

„The Drive" ist heute eine der charmantesten Gegenden der Stadt.

Der Downtown-Kern mit seinen Glasfassaden und sauberen Gehwegen grenzt an viktorianische Häuserreihen und direkt am Wasser an den Canada Place, einem guten Start für lauffreudige Entdecker. Der Expo-Pavillon mit seinem fotogenen Dach, das an aufstrebende weiße Segel erinnert, beherbergt Visitor Centre, IMAX-Kino und Kongresszentrum. Gleich daneben laufen riesige Kreuzfahrtschiffe in den Hafen ein und aus. Hier ragt auch die 2009 installierte knallblaue „The Drop"-Skulptur der Berliner Künstlergruppe Inges Idee 20 Meter in den Himmel, Wahrzeichen des Hafens in Tropfenform – und Sinnbild für das niederschlagsfreudige Wetter der Metropole. Im Durchschnitt tragen Vancouverites an 165 Tagen im Jahr eine wasserfeste Jacke; dafür sind Minustemperaturen selten. Und falls es nieselt, bietet ein dichtes Netz aus Galerien und großen Museen ausreichend Unterschlupf und Sinnesreize.

Sobald die Sonne scheint, tummelt sich alles im Stanley Park mit seinem alten Baumbestand und der Seawall Promenade mit Panorama-Skyline-Blick.

Oben: Blick in die Cambie Street. Gastown ist das Viertel mit den ältesten Gebäuden der Stadt.
Unten: Die Halbinsel Granville Island, einst eine Industriebrache, lockt mit Ateliers, Restaurants und dem beliebten Public Market mit seiner bunten Fülle an Obst, Gemüse und anderen Lebensmitteln.

Südlich an Gastown grenzt Chinatown an, ein Labyrinth aus engen Gassen, Exotik pur. Entstanden im Zuge des Goldrausches um 1858, ist es heute mit über 100 000 Einwohnern das größte chinesische Viertel Nordamerikas.

Skyline am False Creek: Die Bucht schließt Downtown nach Süden hin ab.

Blick vom höchsten Punkt der Innenstadt, dem Queen Elizabeth Park, auf Vancouvers Berge und das Hochhausgewirr in Downtown

Alle zehn Minuten bringt eine Gondelbahn Besucher hinauf auf den Grouse Mountain. Vom 1250 m hohen Hausberg Vancouvers aus genießt man einen perfekten Blick auf die City.

Langsam ebbt die Hektik des Tages ab, jetzt lockt der Sunset Beach Park mit einer zauberhaften Abendstimmung.

Kunst der First Nations: Bis zu zehn Meter hoch sind die Totempfähle im Museum of Anthropology...

... und im Stanley Park. Seit 1912 stehen hier viele berühmte Totempfähle der Nordwestküstenstämme.

Umweltschutz

Special

Greenpeace verpflichtet

Das Herz von Vancouver, es schlägt für die Natur. Kein Wunder, sie macht das Leben in der Metropole trotz Hochhäusern und Verkehrsstress so entspannt. Greenpeace, die berühmte Non-Profit-Organisation, die sich weltweit für den Umweltschutz starkmacht, wurde 1971 hier gegründet.

Das Ökobewusstsein ist tief verwurzelt, auch in der Politik: Man hat sich zum Ziel gesetzt und wirbt mit einer großen Kampagne dafür, bis 2020 die grünste Stadt der Welt zu sein. Schon heute hat Vancouver den geringsten CO_2-Fußabdruck aller nordamerikanischen Großstädte und thront auch auf Rang 1, was umweltfreundliche Bauplanung- und Umsetzung angeht. Derzeit kommen 90 Prozent der Elektrizität aus erneuerbaren Energiequellen. Dabei will man aber nicht stehenbleiben, sondern hat den Anspruch, als erste Stadt in Kanada 100 Prozent zu erreichen.

Dachgarten des Fairmont Waterfront Hotels

An vielen Stellen werden ungenutzte Plätze für „Urban Gardening" verwendet. So hat das Fairmont Waterfront Hotel neben einem Dachgarten mit Kräutern und Gemüse auch ein „Bee Hotel". 250 000 Bienen schwirren tagtäglich in den Stöcken aus und ein. Das Ergebnis: feinster Vancouver-Honig, der aber nicht verkauft, sondern in der Hotelküche verarbeitet wird (900 Canada Place, www.fairmont.com).

Alternativ breitet man das Picknick an den Stadtstränden wie English Bay und Sunset Beach aus oder sonnt sich in den Straßencafés von Gastown.

Ausgehen – der liebste Zeitvertreib

Das lebendige Gastown mit seinen historischen Laternen, dem Kopfsteinpflaster und den dunkelroten Backsteingebäuden hat sich durch umfassende Renovierungen zur Augenweide westlich des Hafens gemausert. Zum einen bedeutet das viele Touristen vor allem im nahen Umkreis der „Steam Watch", die jede Viertelstunde Pfeifentöne und Dampfschwaden ausstößt. Zum anderen heißt das aber auch, „welcome to Hipster-Heaven". Denn in den verwinkelten Nebengassen haben sich Designer-Boutiquen, Galerien und gemütlich-schicke Restaurants wie das „Meet" einquartiert. In den Abendstunden winkt eine Bilderbuchauswahl an Konzerten, Theatern, Tanzvorführungen und Comedy-Clubs. Yaletown wartet mit Restaurants und Bars in den renovierten Lagerhäusern. Wer´s etwas lässiger mag, geht in der Beach-Nachbarschaft Kitsilano auf ein Bier in einen der vielen Pubs. Etwas nordöstlich davon auf dem Weg in die Stadt kurz im Vanier Park stoppen: Panorama-Blick-Alarm! Wobei, der ertönt in Vancouver eigentlich ständig.

VANCOUVERS TRENDSETTER

Bunt, einfallsreich, lokal

Lässig und jung entwickelt sich Vancouver zum Hot Spot der Designer-, Kunst- und Restaurant-Szene. Heimische und internationale Kreative verpassen dem Stadtbild ein buntes Outfit, die Locals selbst tragen einen Mix aus praktisch und ausgefallen. Restaurants bieten „Farm to Table", aufgetragen in lässiger Scheunenatmosphäre.

Halb Hipster-Fashion, halb Underground-Art: Boutique El Kartel in Chinatown

Vancouvers Giganten sind weder gefährlich noch Furcht einflößend – dafür riesig und knallbunt. Behäbig stehen die sechs in Reih und Glied auf Granville Island und sind seit der Enthüllung der Public-Art-Installation 2014 zu einem der beliebtesten Fotomotive der Metropole geworden. Denn im Hintergrund heben sich die silbern funkelnden Skyscraper von Downtown aus dem Boden: ein prickelnder Kontrast von schräger Graffiti-Kunst und architektonischer Modernität.

„Jede Stadt braucht Kunst, und Kunst muss inmitten der Menschen sein", sagt das brasilianische Streetart-Zwillingsteam Osgemeos über seine Giganten, das die einst hässlich-grauen Silo-Ungetüme im Zuge der städtischen Vancouver Biennale „Open Borders / Crossroads Vancouver" so gekonnt verwandelt hat. Das Projekt animiert lokale und internationale Künstler, an unterschiedlichen Plätzen der Stadt Kunst aufzustellen, etwa die „bunten Bohnen" des Kanadiers Cosimo Cavallaro am Charleson Park oder auch das „F Grass" von Chinas Kunstaktivisten Ai Weiwei am Harbour Green Park.

Noch kunterbunter geht es in der Freiluftkunst entlang aufstrebender Nachbarschaften wie dem Commercial Drive zu. Meterhohe Graffiti erzählen Geschichten von Integration, Naturgewalten und First-Nations-Kulturen. Wer kleine Ausstellungen fernab von kommerziellen Galerien oder großen Museen erkunden möchte: Im quirligen Chinatown entsteht im Umfeld der East Pender Street eine neue Szene aus Läden wie dem El Kartel, einer Mischung aus Hipster-Fashion und Underground-Art. Im vorderen Teil hängen Designer-Outfits im Skater-Stil, weiter hinten stellen junge Künstler ihre Werke aus, am Abend legen oft lokale DJs auf. Ein ähnliches Konzept, aber mit Fokus auf Kunst und Musik, vertritt die Hot Art Wet City Gallery.

Ziemlich angesagt: SoMa

Von der rauen Ecke zur heißesten Gegend? Jede Millionenstadt kennt das Phänomen, auch Gentrifizierung genannt: Einstmals vernachlässigte Straßenzüge werden durch die hohen

Oben: Alles ganz relaxt am Commercial Drive im Viertel SoMa

Links: Die hässlichen Silos eines Zementwerks hat das brasilianische Künstlerduo Osgemeos im Rahmen der Vancouver Biennale in die „Giants" verwandelt.

Preise angrenzender Nachbarschaften plötzlich von Künstlern, Restaurateuren und Designern besiedelt und aus dem Dornröschenschlaf geweckt. Auf der Suche nach günstigen Wohnungen und Ateliers beginnt eine neue Szene zu köcheln, deren Kreativität sich in Rundumerneuerungen der Gebäude und schließlich in kleinen, schicken Lädchen entlädt. So geschehen in Vancouvers derzeitigem In-Viertel South Main oder schlicht SoMa.

Die Straßen um Broadway und Main Street sind an sonnigen Tagen gefüllt von Bohemians und stylischen

„Jede Stadt braucht Kunst, und Kunst muss inmitten der Menschen sein."

Hippe Ecken: „Score on Davie" im Schwulenviertel Davie Street und „The Charlatan" am Commercial Drive (unten)

Familien auf der Suche nach Neuheiten junger Designer und anschließendem Mimosa-Brunch in heimelig-edler Atmosphäre. „Vor zehn Jahren herrschte auf Main Street ziemlich tote Hose", erinnert sich Kildare Curtis, der seinen Kleiderladen Eugene Choo lange vor dem großen Hipster-Ansturm eröffnet hat. „Keine leichten Jahre. Aber rückblickend war es eine faszinierende Entwicklung vom hässlichen Entlein zum Schwan", lacht der charmante Kunstliebhaber, Sohn irischer Einwanderer, den es Anfang der 1990er-Jahre aus Calgary ins brodelnde Vancouver verschlug. Sein Laden, benannt nach seinem ältesten Freund aus Kindertagen, ist eine Mischung aus Mode, edler Kosmetik, Schmuck und Design.

Etwas weiter nördlich hat sich die junge Designerin Melissa Ferreira mit ihrer Boutique Adhesif Clothing Co. einquartiert. Melissa, ursprünglich aus Montreal, verarbeitet recycelte Materialien zu bunten Einzelstücken wie Taschen, Kleidern und Schmuck. „Vancouver ist eine sehr natur- und gleichzeitig stilbewusste Stadt, das zu verbinden war naheliegend", sagt die Modedesignerin. Ein roter Faden, der sich auch durch die Kulinarik von SoMa zieht.

Frisch vom Bauern

Wenn Andrea Carlson vom Gemüse erzählt, das ihr die lokalen Farmer frisch geliefert haben, klingt sie fast wie eine Galeristin, die von ihren neuen Errungenschaften des angesagtesten Künstlers spricht: „Ahhh, die französischen Frühstücks-Rettiche von Sole Food, einer Urban-Farm-Organisation, sind einfach aromatisch. Und der Mais von Urban Digs! Nicht von dieser Welt! Aber am unglaublichsten schmecken gerade die Artischocken von Glen Valley. Wir rösten sie, gewürzt mit wildem Gerberstrauch, über Holzkohle und servieren sie mit einer Walnuss-Braune-Butter-Sauce." Und schon verschwindet sie in ihrer offenen Küche im SoMa-Highlight „Burdock & Co".

Überhaupt hat sich SoMa zu einer kulinarischen Oase entwickelt: The Arcorn ist die Top-Adresse für Vegetarier, The Fishcounter für Fischliebhaber. Wer Deftiges mag, wird die minimalistische Scheunenatmosphäre von Burdock & Co lieben. Als sich der Tisch unter delikat duftender Pasta mit Pilz-Fenchel-Schweineragout-Mix, gegrilltem Ribeye an Shio-Koji-Butter sowie besagtem Artischockentraum biegt, ist auch ganz klar, warum.

Adressen

Vancouvers Hot Spots für Kunst, Design und Kulinarik:

Vancouver Biennale: verschiedene Standorte, z.B. Granville Island, vancouverbiennale.com
Hot Art Wet City Gallery, 2206 Main Street
www.hotartwetcity.com
El Kartel, 104 E. Pender Street, elkartel.com
Unit/Pitt Projects, 236 E. Pender Street, helenpittgallery.org
Eugene Choo, 3683 Main Street, eugenechoo.com
Adhesif Clothing , 2202 Main Street, adhesifclothing.com
Burdock & Co, 2702 Main Street, burdockandco.com
The Arcorn, 3995 Main Street, www.theacornrestaurant.ca

Einer der Trendsetter in SoMa: die Designer-Boutique „Eugene Choo“

VANCOUVER
Maßstab 1:17.500
0
300m
WEST END
DOWNTOWN
GASTOWN
YALETOWN
FAIRVIEW
Granville Island
Stanley Park
Lost Lagoon
Beaver Lake
Coal Harbour
Lions Gate Bridge
Miniature Railway
S.S. Empress of Japan Figurehead
Girl in a Wetsuit Statue
Japanese War Monument
Lumberman's Arch
Aquarium
Brockton Point
Brockton Oval
Totem Poles
9 O' Clock Gun
Harry Jerome Statue
Rose Garden
Warren Harding Memorial
Malkin Bowl
Lord Stanley
Fountain
HMCS Discovery Naval Training Station
Devonian Harbour Park
Stanley Park Pitch and Putt
Lawn Bowling
Park Office
David Oppenheimer Monument
English Bay Beach
Float Plane Terminal
Coal Harbour Quay
Coal Harbour School
Harbour Green Park
Olympic Torch
Vancouver Convention Centre
Canada Place
Cruise Ship Terminal
SeaBus Terminal
Heliport
Waterfront
Guiness Tower
Pacific Mineral Mus.
Granville Square
Sinclair Centre
The Lookout Harbour Centre
Gastown Steam Clock
Gassy Jack
CRAB Park at Portside
Blood Alley Sq.
Starlight Cinema
King George School
Robson Public Market
Barclay Heritage Park
Coast Plaza
Lord Roberts School
Roedde House Museum
Sunlife Plaza
Hyatt Regency
Christ Church Cathedral
Sri Lankan Gem Mus.
Grand Robson Mall
Back Alley Theatre
Lord Roberts Annex School
Van. Art Gallery
Robson Square
Nelson Park
St. Andrew's
Court House
Orpheum Theatre
St. Paul's Hospital
Holy Rosary Cath.
Van. Comm. College
Queen Elizabeth Th. & Van. Playh.
Centre of Performing Arts
Stadium-Chinatown
Dr. Sun Yat-Sen Class. Chin. Garden
Library
Rogers Arena
B.C. Sports Hall of Fame & Mus.
B.C. Place Stadium
Creekside Park
Vogue Theatre
Aquatic Centre
Sunset Beach
Sunset Beach Park
Vancouver Maritime Museum
Southern Observatory
HR Macmillan Space Centre
Bard on the Beach Theatre
Vancouver Museum
Vanier Park
Vancouver Music Academy
Aqua-bus
Public Market
False Creek Yacht Club
Arts Club Theatre
Granville I. Hotel
Spruce Harbour Marina
George Wainborn Park
David Lam Park
Roundhouse
1. Roundhouse Mews
2. Aquarius Mews
3. Boathouse Mews
4. Cooper's Mews
Coopers Park
Casino
TELUS World of Science
Hinge Park
Jonathan Rogers Park
Charleson Park
Downtown Historic Railway
Centre culturel Francophone de Vancouver
Administrative Office
Georgia Street
Pender Street
Hastings Street
Granville Street
Burrard Street
Robson Street
Davie Street
Denman Street
Pacific Boulevard
Beach Avenue
Cambie Bridge
Burrard Bridge
Granville Bridge
Broadway
6th Avenue
West
1 2 3 4 5 6 7 8 9 10 11 12 13 14 15 16 17 18 19 20

Metropole der Lässigkeit

Greencouver, Hollywood North, Hongcouver, Rainy City ... Vancouver hat viele Spitznamen und in jedem steckt ein bisschen Wahrheit. Vor allem aber ist die Metropole mit ihrer imposanten Kulisse aus Bergen und Wasser eine Augenweide – und bietet ganz nebenbei viel Kunst, Kultur, Entspannung und charmantes Flair.

Allgemein

GESCHICHTE

1791 vom Spanier José María Narváez entdeckt, waren es die Briten, allen voran Kapitän George Vancouver, die ein Jahr später mit der europäischen Besiedlung des Burrard Inlets begannen. Dank Goldrausch, Pelz- und Holzhandel etablierte sich im 18. Jh. eine Siedlung namens Gastown, die mit dem Bau der transkontinentalen Eisenbahn im April 1886 den metropoliteren Namen Vancouver erhielt; im Juni brannte die junge Stadt komplett nieder. Der Blick ging nach vorne: Vancouver wurde neu aufgebaut und schnell die Boom-City am Pazifik. Anfang des 19. Jh.s verlieh die Eröffnung des Panama-Kanals (1915) wirtschaftliche Impulse, im gleichen Jahr öffnete die University of British Columbia (UBC) ihre Tore. Die Expo 1986 rückte die Stadt ins internationale Rampenlicht und die Rückgabe Hongkongs an China 1997 bescherte einen neuen Einwanderungsschub aus Asien. Die mit viel Euphorie ausgetragenen Olympischen Winterspiele von 2010 brachten nicht nur viel Lob, sondern auch neue Hotels, Sportanlagen und eine Verbesserung der Nahverkehrsmittel.

INFORMATION

Tourism Vancouver Info Centre, Plaza Level
200 Burrard Street, Tel. +1 604 683 20 00
www.tourismvancouver.com

Im Pavillon der Expo '86 mit der markanten geodätischen Kuppel befindet sich TELUS Science World.

Sehenswert

In Vancouver findet man sich rasch zurecht, der Downtown-Kern ist erlaufbar. Kleine Orientierungshilfe: Die von fast überall sichtbaren Coast Mountains liegen im Norden. Guter Ausgangspunkt ist der ① **Canada Place** (999 Canada Place, www.canadaplace.ca) mit seinem markant-zackigen Dach, unter dem sich auch das Visitors Center befindet. Im Sommer finden hier am Wasser Konzerte und Open-Air-Filme statt. Südl. davon an der Burrard Street steht das ② **Marine Building** (355 Burrard St.). 1930 erbaut, ist es eines der schönsten kanadischen Art-Deco-Gebäude, heute umrahmt von Skyscrapern. Entlang der Hastings Street geht es auf den ③ **Vancouver Lookout** am Harbour Centre (555 W. Hastings St., www.vancouverlookout.com, im Sommer tgl. 8.30–22.30, sonst 9.00–21.00 Uhr). Der Glasaufzug bringt in 40 Sek. auf 168 Meter zur ufoartigen Plattform, wo der beste 360-Grad-Ausblick wartet. Über das Kopfsteinpflaster der pittoresken Water Street schlendernd, ist die ④ **Steam Clock** (Water/Gambie St.) nicht zu übersehen – es bildet sich immer eine große Menschentraube um die antike Uhr, die alle 15 Min. den Westminsterschlag spielt. Am ⑤ **Maple Tree Square** erinnert eine Bronzestatue an „Gassy Jack", den Flusskapitän, der hier 1867 den ersten Saloon eröffnet hat. Südöstlich rund um die Pender Street breitet sich das bunte ⑥ **Chinatown** aus. Der Weg von Gastown ins Asia-Viertel geht über die East Hastings Street. An der einstigen Problemmeile siedeln sich immer mehr Bars und Restaurants an. Kleine Oasen im Gewusel der Marktstände mit Ingwer und getrockneten Fischen ist das ⑦ **Chinese Cultural Centre** (555 Columbia St., cccvan.com) und vor allem der malerische **Dr. Sun Yat-Sen Classical Chinese Garden** (578 Carrall St., www.vancouverchinesegarden.com) gleich um die Ecke. Noch mehr Chinatown gibt es bei **T&T Supermarket** (Keefer St. Ecke Taylor St.).
Dann dem Asia-Viertel den Rücken kehren und nach Westen entlang der Dunsmuir Street Richtung Downtown, auf Hamilton Street einbiegen zum **Queen Elizabeth Theatre** (650 Hamilton St., www.queenelizabeththeatre.center), wo westl. gegenüber die von Mosche Safdie konstruierte ⑧ **Vancouver Public Library** (350 W. Georgia St., www.vpl.ca) thront. Der kolosseumartige Rundbau wurde 1995 eröffnet. Entlang der West Georgia Street gen Westen wartet Ecke Howe Street die ⑨ **Vancouver Art Gallery** (750 Hornby St., www.vanartgallery.bc.ca). Einen Block weiter erinnert das einst von der Canadian Pacific Railway erbaute **Hotel Vancouver** (900 W. Georgia St.) an die Blütezeit der Eisenbahn. Gegenüber bewahrt sich die ⑩ **Christ Church Cathedral** (690 Burrard St., www.cathedral.vancouver.bc.ca) seit 1895 ihren Platz in der sich ständig verändernden Stadt. Sollte gerade ein Chor-Konzert auf dem Programm stehen: Die Akustik ist legendär. Auf der parallel laufenden ⑪ **Robson Street** tobt im West End das pralle Leben: Schicke Geschäfte wechseln sich mit Cafés und Konditoreien ab, im Sommer sitzt hier alles beim Espresso Macchiato auf den Terrassen. Ruhe und Entspannung kehrt dann wieder in den Parks und Stränden am ⑫ **Sunset Beach** und am pittoresken ⑬ **English Bay Beach** ein. Hinter dem Sandstrand ragen die wohl teuersten Apartmentbuildings der Stadt auf.

Die ⓮ **Denman Street** wird von Snackbars, Cafés und Bikeshops gesäumt – perfekt, wenn man sich für ein Picknick eindecken will oder ein Rad für eine Runde im nahen **Stanley Park** ausleihen möchte. Ab jetzt wird es nur noch grün mit sanften Hügeln und berauschendem Ausblick. Aber auch mit einigen Sehenswürdigkeiten wie den ⓯ **Totempfählen**, die im 19. und frühen 20. Jh. von Angehörigen verschiedener First-Nation-Stämme der Nordküste geschnitzt wurden. Jeden Abend um 21.00 Uhr wird die ⓰ **9 O'Clock Gun** an der Seawall Promenade gezündet. Perfekt für ein paar Panoramamotive der im Dunkeln glitzernden Skyline. Etwas quirliger geht es im ⓱ **Vancouver Aquarium** (www.vanaqua.org, tgl. 10.00 bis 17.00 Uhr) mit seinen über 50 000 Wasserkreaturen zu.

Für **Yaletown,** das Viertel südlich von Downtown, hat sich der Name„Vancouvers SoHo" eingebürgert. In den einstmals leerstehenden und nun schön renovierten Lagerhallen- und häusern haben sich in den vergangenen Jahren Restaurants, Galerien, Desginläden und Bars angesiedelt. Unter der Brücke im Südwesten wartet ⓲ **Granville Island** TOPZIEL. Am schönsten ist es, die Minifähre (granville islandferries.bc.ca) zu nehmen. Auch wenn die Überfahrt nur 5 Minuten dauert, ein bisschen fühlt es sich wie Urlaub von der Großstadt an. In der **Markthalle** findet man Obst, Gemüse, Crepes oder deftige Sandwiches aber auch Seifen, Schmuck und viel Kunst. Überhaupt hat sich das einstmals verwahrloste Sorgenkind

Tipp

Unschärfe beabsichtigt

Beim ersten Hinschauen kneift man die Augen zusammen, doch der Killerwal, der am Coal Harbour in die Luft springt, wird einfach nicht schärfer. „Digital Orca" heißt die pixelige Skulptur am Jack Poole Plaza zwischen Convention Center und Cactus Club Café. Kein geringerer als „Generation X"-Autor und Künstler Douglas Coupland schuf den 3-D-Riesen 2009 aus schwarzen, weißen und grauen Würfeln. Durch 950 LED-Lichter leuchtet der Orca nachts vor dem Berg-und Wasser-Panorama.

zum wahren Künstlerquartier gemausert. Mit der Sanierung entstanden Galerien, Shops, Restaurants und Bars. Das angrenzende **„Sea Village"** ist eine kleine Gemeinde von Hausboten, auf denen Künstler und Musiker leben. Über die Granville Bridge gelangt man ans Südufer des False Creek. Im vorgelagerten ⓳ **Vanier Park** gibt es spannende Museen, aber auch Freilichtkunst. Im Park selbst stehen mehrere moderne Skulpturen. **Kitsilano**, die Nachbarschaft südwestlich davon, ist vor allem am Abend eine beliebte Ausgehecke mit lässigen Bars. Für einen Spaziergang am Tag bietet sich im Südosten **SoMa** mit Boutiquen und Cafés an. Auf dem Weg dahin lohnt sich ein Abstecher im **Van Dusen Botanical Garden** (5251 Oak St., www.vandusengarden.org) mit seiner bunten Farbenpracht. Der große **Queen Elizabeth Park** ist nur ein paar Blocks entfernt.

MUSEEN

Etwa 20 Min. außerhalb auf dem Universitätsgelände beherbergt das **Museum of Anthropology** TOPZIEL (6393 NW Marine Dr., www.moa.ubc.ca, tgl. 10.00–16.30, Mo. 10.30–14.30 Uhr) Vancouvers größte Sammlung an First Nations-Kunst mit vielen Artefakten der Haida-Kultur, Totempfählen und Alltagsgegenständen. Im ⓳ **Vanier Park** gibt es mehrere Museen: Vor dem **Vancouver Maritime Museum** (1905 Ogden Ave., www.vancouvermaritime museum.com, Di.–Sa. 10.00–17.00, Do. bis 21.00, So. 12.00–17.00 Uhr) ankert die „St. Roch", die 1944 als erstes Schiff die Nordwestpassage bezwang. Nebenan lockt das **MacMillan Planetarium** (1100 Chestnut St., www.spacecentre.ca, Mo.–Fr. 10.00–15.00, Sa. 10.00–17.00, So. 12.00–17.00 Uhr). Die Stadtgeschichte steht im **Museum of Vancouver** (1100 Chestnut St., www.museumofvancouver.ca, So.–Mi. 10.00–17.00, Do. 10.00–20.00, Fr./Sa. 10.00–21.00 Uhr) im Mittelpunkt.

Im ❼ **Chinese Cultural Centre** (555 Columbia St., cccvan.com, Di.–So.11.00–17.00 Uhr) dreht sich alles um Asien. Downtown präsentiert die ❾ **Vancouver Art Gallery** (750

Capilano Suspension Bridge (l.); „The Raven and the first men", Museum of Anthropology

Hornby St., www.vanartgallery.bc.ca, tgl. 10.00–17.00, Di. bis 21.00 Uhr) u.a. Werke der kanadischen Künstlerin Emily Carr. Einst für die Expo 86 gebaut, entfaltet sich im Osten unter der schimmernden Kuppel des ⓴ **TELUS Science World Museum** (1455 Quebec St., www.scienceworld.ca, Di.–Fr. 10.00–17.00, Sa./So. 10.00–18.00 Uhr) eine Welt der Wissenschaft.

Einkaufen

Möglichkeiten, den Geldbeutel zu erleichtern, gibt es reichlich. Schicke Geschäfte finden sich entlang der **Robson Street**. Beliebte **Einkaufszentren** sind die Granville Street Mall, The Bay (674 Granville St., im Pacific Centre), das Park Royal Shopping Centre (2002 Park Royal St.) in West Vancouver sowie das Harbour Centre (555 Hastings St.) mit Feinkostläden im Untergeschoss. Exotische Genüsse warten in **Chinatown**, am buntesten ist die Frisch-Auswahl im ⓲ **Granville Island Public Market** (tgl. 9.00–19.00 Uhr).

Entlang der Water, sowie zwischen Richards und Columbia Street in **Gastown** werden Souvenier-, Kunst- und Antik-Jäger fündig. Aber auch mit individuelleren Boutiquen wie dem **Nouvelle** (209 Abbott Street, www.nouvelle nouvelle.com) oder **One of A Few** (354 Water Street, www.oneofafew.com) glänzt Gastown. Ebenfalls kleinere Shops reihen sich an der Mainland Avenue in **Yaletown** aneinander. **Woo To See You** (1062 Mainland St., wooto seeyou.com) oder die Accessoires bei **Fine Finds** (1014 Mainland St., www.finefindsbou tique.com) lohnen einen Blick.

Veranstaltungen

Klassik und Ballett: **Queen Elizabeth Theatre** (650 Hamilton St., www.queenelizabeththeatre.center, www.balletbc.com). Das Vancouver Symphonie Orchestra spielt im **Orpheum** (601 Smithe St., www.orpheum-theater.com), Rock- und Pop-Fans werden das **Vogue Theatre** (918 Granville St., www.voguetheatre.com) oder das **Roxy** (932 Granville St., www.roxy-van.com) lieben. Das **Bard on the Beach Shakespeare Festival** (Juni–Ende Sept., www.bardonthebeach.org) ist ein Höhepunkt des Theatersommers in weißen Zelten am Vanier Park. Stadionstimmung (Sport und Konzerte) gibt es im **BC Place Stadium** (777 Pacific Blvd., www.bcplace.com). Es ist auch das Zuhause des Football-Teams BC Lions.

Hotels und Restaurants

HOTELS

Luxus eingebettet in die Downtown-Skyline: **€ € € € Shangri-La Hotel** (1128 W Georgia St., www.shangri-la.com, Tel. +1 604 689 11 20). Business-Schick in zentraler Innenstadtlage bietet das **€ € € Coast Coal Harbor Hotel** (1180 W Hastings St., coasthotels.com, Tel. +1 604 697 02 02).
Das **€ € Seasons in the Park** (www.vancouverdine.com, Tel. + 1 604 874 80 08) auf dem Hügel serviert neben gutem Essen auch einen grandiosen Ausblick.
Schick, hell und mitten in Yaletown schläft es sich im **€ € Hotel Blu & Residences Vancouver** (177 Robson St., www.hotelbluvancouver.com, Tel. +1 604 620 62 00).

RESTAURANTS

Lässig und urig geht es im **€ Six Acres** direkt am Maple Tree Square zu (203 Carrall St., www.sixacres.ca, Tel. +1 604 488 01 10).
Perfekt für einen Bio-Burger oder Quinoa-Salat ist das **€ € MeeT** (12 Water St., www.meetonmain.com, Tel. +1 604 688 33 99).
Für die Cocktailstunde einen Platz unterm beleuchteten Baum des **€ € Reflections: The Garden Terrace** (801 W Georgia St., rosewoodhotels.com, Tel. +1 604 673 70 43, April–Okt.) einnehmen und Leute gucken.
Moderne kanadische Bistro-Küche wird im **€ € Flying Pig** (1168 Hamilton St., www.theflyingpigvan.com, Tel. +1 604 568 13 44) in Yaletown serviert, die Cocktails sind ebenfalls klasse.
Eine lässigere Alternative zu den Gourmet-Restaurants von Yorkdale ist das **€ € Parlour** (1011 Hamilton Street, www.theparlourrestaurants.com, Tel. +1 604 568 33 22) mit Pizzen und deftigen „to share“-Platten.

Umgebung

Über die Lions Gate Bridge geht es zur 140 m langen und 70 m hohen **Capilano Suspension Bridge** (3735 Capilano Rd, North Vancouver, www.capbridge.com). Am Ende der Capilano Road fährt eine Seilbahn auf Vancouvers Hausberg hinauf, den **Grouse Mountain**. Auf dem Highway 99 wiederum geht es zur Horseshoe Bay, wo die Fähre zur **Sunshine Coast** ablegt. Einen Besuch lohnt der kleine Ort **Gibons** mit netten Galerien und Restaurants. **Sechelt** ist das kulturelle Zentrum des Sechelt-Stammes, im Museum der Ortschaft erfährt man mehr zur Kultur. Der **Saltery Bay Provincial Park** wartet mit üppiger Vegetation auf sowie dem Ort **Lund**, einem Hotspot für Angler. Zwei Autostunden entfernt (80 km) liegt der Wintersportort **Whistler** (s. S. 67).

Genießen Erleben Erfahren

DuMont Aktiv

Im Paddelparadies

Früh am Morgen legt sich leichter Nebel über die North Shore von Vancouver. Das Wasser unter dem Kajak ist spiegelglatt. Perfekte Ruhe. Ein Kajak-Trip in Deep Cove entspannt die Sinne.

Der kleine Seehund will gar nicht wieder abtauchen. Fasziniert starrt er unsere bunten Kajaks an, der Kopf ragt keck aus dem Wasser. Nach gut fünf Minuten posieren für unsere Kameras gleitet er elegant weg. Ein Kajaktrip im Kaltwasserparadies von Deep Cove bietet eine herrlich-ruhige Auszeit von der Großstadt. Und das, obwohl man nur 30 Autominuten von der Metropole entfernt ist. Vorbei an dichten Tannenwäldern, die die Ufer der langgezogenen schmalen Bucht säumen, gleitet man zur ätherischen Stille der Natur über das spiegelglatte Wasser. Alles scheint hier irgendwie intensiver zu sein: das Blau unter uns, das dunkle Grün der Bäume und das silbern schimmernde Grau der Granitfelsen.

Entlang des Indian Arm paddeln wir vorbei an acht kleinen Inseln im Südteil der Bucht. Der Nordteil beginnt hinter Best Point. Auch wenn die Arme irgendwann etwas schwer werden, die Entdeckungstour wird mit den beeindruckenden Granite Falls belohnt, und wer sich traut, wagt eine schnelle Dusche unter den kalten Fällen. Auf dem Weg zurück werden wir wieder begleitet, diesmal von einem elegant über uns schwebenden Adler. Das Deep Cove Canoe & Kajak Centre befindet sich in einem kleinen Ort, wo man nach dem Trip neue Kräfte in den Restaurants tanken kann.

Weitere Informationen
Verleih Kajak und Ausrüstung:
Deep Cove Canoe & Kajak Centre
215 Banbury Rd.
North Vancouver
Tel. + 1 604 929 22 68
www.deepcovekayak.com
Verleihdauer: 2 Std. bis mehrere Tage
Preis: ab 39 CAD
geführte Touren, z.B. 3-stündige Explorer Tour: April–Okt., 90 CAD/Person

Die Umgebung von Vancouver und die vorgelagerte Vancouver Island (Bild: Uculelet) bieten die herrlichsten Paddelparadiese.

Insel der Gegensätze

Verlassene Sandstrände, steile Felsklippen, mystische Regenwälder und idyllische Surfer-Buchten. Dann wieder Stadtflair neben Fischerdorf-Atmosphäre. Vancouver Island bildet eine Mischung aus draufgängerisch und lässig, naturbelassen und schick. Und genau das macht die Insel so charmant und spannend.

Das soll Kanada sein? Genau – und zwar der kilometerlange Chesterman Beach beim Städtchen Tofino.

Storms are Welcome“ steht auf dem kleinen Holzschild, das am Chesterman Beach im Sand steckt. Wo andernorts Stürme, hohe See und peitschender Wind als lästig oder gefährlich gefürchtet werden, umarmt das kleine Örtchen Tofino diese wilden Launen der Natur mit Begeisterung. „Stormwatching“ nennt sich der neue Trend im windigen, aber milden Winter auf Vancouver Island. Der Mangel an Bergen und Schnee wird so durch einen anderen „Wintersport“ ersetzt. Touristen kommen, quartieren sich in den Hotels mit Blick auf die felsigen Klippen ein, zücken Kameras oder Ferngläser und werfen sich begeisterte „Ohs“ und „Ahs“ zu, sobald eine besonders große Welle auf die grauen Felsen knallt und meterhohe weiße Gischt in die Luft versprüht.

Der richtige Abstand zu Vancouver

Nicht, dass Vancouver Island Outdoor-Trends erfinden müsste! Ganz im Gegenteil: Die vorgelagerte Insel, 45 Minuten entspannte Fährfahrt von Vancouver entfernt, bezirzt durch Naturvielfalt und eine berauschend-rohe Schönheit. Wer die knapp 460 Kilometer Länge von Ost nach West abfährt, wird an Sandstränden, verlassenen Seen, aber auch gigantischen, 800-Jahre alten Wäldern vorbeikommen. Auf einer Fläche so groß wie die Niederlande hat sich ein beliebtes Naherholungsgebiet für betuchte Vancouverites entwickelt, die zum Surfen nach Tofino oder Ucluelet kommen. Internationale Touristen finden hier die volle Bandbreite der kanadischen Natur, ohne meilenweit mit dem Wohnmobil durchs Land fahren zu müssen. Und die Inselbewohner selbst? Die klopfen sich auf die Schultern, weil sie nah und genau weit genug weg sind von der Big City Vancouver.

Strände, Seen, alte Wälder: ganz Kanadas Natur auf einer Insel

Oben: Das Meer tost und donnert bei Ucluelet an die Felsen. Mitte: Scheues Wild versteckt sich im Grün des Pacific Rim National Park Reserve.

Surfen! In Tofino zeigen die Könnerinnen der „Surf Sister Surf School", (Bild S. 42 unten) wie's geht. Und dann ab an den Long Beach (oben) im Pacific Rim National Park oder an den Strand der Florencia Bay (unten).

Rechts: Der kleine Park oberhalb des Hafens von Tofino bietet einen tollen Ausblick aufs Meer.
Unten: Baumgiganten im Regenwaldareal des Botanischen Gartens von Tofino

Oben: Lachsfischer am Crab Dock in Tofino.
Links: Das Beste aus dem Meer kommt frisch auf den Teller wie die Austern im Restaurant Sobo.

Ucluelet: Kurze Lagebesprechung, bevor die Exkursion mit dem Kajak beginnt.

Der Strand bei Ucluelet gehört nicht allein den Surfern und Kanuten, Wasservögel suchen im weichen Schlick nach Nahrung.

Der Fischreichtum bescherte seit jeher Wohlstand.

Warten auf die perfekte Welle

„Morgens zur perfekten Welle mit dem Surfbrett zu schwimmen, für Kanada ist das ziemlich hot", sagt Jesse, der im Long Beach Surf Shop wahlweise Vinyl-Platten oder Longboards verkauft. Der 17-Jährige ist auf Vancouver Island geboren und passt mit seinen blonden Locken perfekt in die Surfer-Szene, die am Nachmittag auf der Skateboardbahn im Ort Tricks übt.

Der Ansturm der vergangenen Jahre hat aus dem beschaulichen Örtchen ein Bohemian-Beach-Paradies gemacht. Kleine Bioläden, schicke Restaurants und bunte Cafés sind beliebte Treffs. Die Einsamkeit der Natur ist aber nur einen Schritt entfernt, die First-Nations-Traditionen der früheren Inselbevölkerung auch. Dies belegt die Eagle Art Gallery, die in einem Longhouse im Ort Kunstwerke von Roy Henry Vickers zeigt.

Einmarsch der Weißen

Lange bevor George Vancouver 1792 die Insel begutachtete, hatten die Nootka und Salish in mächtigen Langhäusern gelebt. Die hochstehenden Kulturen bauten riesige Totempfähle, „Dugout"-Kanus und unterhielten dank dem Fischreichtum ein dichtes Handelsnetz bis nach Alaska. Bei den traditionellen Potlaches, dem „Fest des Schenkens", wurde mit Donnervogel-, Orca- und Adlermasken diese Fülle gefeiert. Mit den weißen Siedlern kamen um 1900 Missionare und Alkohol auf die Insel. Victoria war einst Provinzhauptstadt. James Douglas errichtete Fort Victoria 1843 als Pelzhandels-Außenstelle der Hudson´s Bay Company. Der Ort wuchs, dem Goldrausch sei Dank. Vor allem Einwanderer aus Schottland und Irland fanden hier eine zweite Heimat. Der Zusammenschluss mit dem Festland zu British Columbia folgte 1866.

Bequemer Süden, rauer Norden

Heute leben gut 760 000 Menschen auf dem langgezogenen Streifen, der von gerade mal zwei Straßen durchquert wird. Über 90 Prozent der Bevölkerung hat es sich im flacheren Süden bequem gemacht. Der Norden entlang des Campbell Rivers ist malerisch rau, ein Paradies für Angler – oder Schriftsteller. Der nur 20 Seelen zählende Ort Telegraph Cove beispielsweise gilt als beliebtes Ziel für Ruhe suchende Autoren. Der Westen wiederum, durchfurcht von tief ins Land schneidenden Fjorden, ist geprägt von überirdisch wirkenden Regenwäldern und einer mystischen Leere. Im Landesinneren ziehen sich zerklüftete Gebirgsketten, Bergseen und Wasserfälle durch Provincial Parks wie dem Strathcoma.

Victorias Hafen mit dem Parlament links im Hintergrund. 1898 fertiggestellt, wird das neobarocke Bauwerk abends in ein buntes Lichtermeer getaucht.

Klein-England-Flair

Im Osten wird man mit Dudelsackgedudel und dem geschäftigen Treiben von British Columbias Hauptstadt langsam wieder zurück in die Zivilisation geholt. Victoria wirkt wie die zum Leben erwachte Puppenhausversion einer britischen Kolonialstadt, vor allem unten am Hafen. Dort thront das am Abend bunt angestrahlte Parlament in seiner pompösen Breite am Hang, darunter schaukeln die weißen Segelschiffchen und Boote in der Bucht. Schräg gegenüber sitzt, kein bisschen weniger majestätisch, das Empress Hotel. Vielleicht eine Runde High Tea gefällig? Im Empress Room hält man sich noch penibel an die britischen Teezeremonien.

Doch Victoria kann auch cool: Hinter Chinatown entsteht eine hippe und kunstfreudige Szene mit Cafés, Shops und Galerien. Die Fahrt zurück zur Swartz Bay oder Nanaimo geht sodann vorbei an schicken Häuseranlagen und Bungalows mit penibel gestutzten Hecken und Vorgärten. Das milde Klima sorgt für Blütenpracht, nicht nur in den vielen botanischen, chinesischen und städtischen Gärten. Der Titel „The Garden City" kommt nicht von ungefähr, ebenso wenig wie der Spitzname „Wartezimmer Gottes": Vancouver Island gilt als Lieblingsort für Ruheständler.

Special

Stadtgeschichte

„Spooky" Victoria

„Charlie Kincaid kommt oft an diesen Platz zurück, nachts bei Nebel – und manche haben sogar Belle Adams gesehen".

Ein leichtes Raunen geht durch die Gästerunde, denn es ist auch jetzt Abenddämmerung und Nebel zieht den Market Square entlang. Charlie und Belle sind keine verliebten Teenager, sondern lebten 1898 in der Stadt, bis Belle ihrem Liebsten aus Eifersucht die Kehle durchschnitt.

Bei den Ghostly Walks der Historikerin Kate bekommt man beim Gang durch die Hintergassen einen anderen Blick in Stadtgeschichte, Charaktere und Schicksale. Am Old Burying Ground wandle der Geist von „Soap and Water Johnson" oft zwischen den alten Grabsteinen umher. „Er hatte sich 1861 das Leben genommen und wurde deshalb nicht auf dem Friedhof beerdigt". Kate geht weiter in Richtung Empress Hotel, wo Arbeiter sich jahrelang weigerten, wegen eines Poltergeistes das oberste Stockwerk zu betreten. „Oder dort, in den Parliament Buildings wird oft der Architekt des Gebäudes Francis Mawson Rattenbury gesehen – 1935 vom Liebhaber seiner Frau ermordet." Kate, die die Walking-Tour seit zwölf Jahren anbietet, hat sichtlich Spaß am Erzählen und Schauspielern, und fürs Publikum ist Gänsehaut garantiert (www.ghostlywalks.com).

Stadtgeschichte mit Gruselfaktor

Zu Hatley Castle gehört der gleichnamige, üppige Park bei Victoria.

Frisch, lokal und biologisch: La Tana Bäckerei in Victoria

Hier wirkt ein Grüner Daumen: Herausragende Gestaltung und enorme Pflanzenpracht machen die 1904 gegründeten Butchart Gardens bei Victoria zum schönsten Garten Kanadas.

Die feinsten Genüsse

Von farmfrisch bis frisch geangelt

Die Naturnähe des kanadischen Westens ist auch in der kulinarischen Szene spürbar: Der Begriff „Farm to Table" ist etabliert, d.h., immer mehr Restaurants bringen Frisches direkt aus dem eigenen Garten, vom lokalen Bauern oder dem Fischer auf den Teller. Es schmeckt dementsprechend intensiv. Gebacken und gebraut wird auch.

1 Gut gerollt!

Der Japaner Tojo hat der urbanen Legende nach die California-Roll erfunden – nicht in Kalifornien, sondern in Vancouver. In seinem beliebten Restaurant schneidet, hobelt und rollt der immer gutgelaunte und enorm energiegeladene Tojo wie ein Derwisch Fisch, Gemüse und Reis zu kleinen Sushi-Wunderwerken – und unterhält ganz nebenbei noch alle Gäste an der Bar vor ihm. Seine frischen Zutaten holt der passionierte Chef in den frühen Morgenstunden selbst auf dem Markt ab. Wie es sich für einen Starkoch gehört, sitzen regelmäßig Berühmtheiten am Holztresen und bestellen Omakase: Unter anderem waren Johnny Depp, die Rolling Stones und David Beckham bereits hier. Besonderes Highlight sind Tojos Gerichte mit Königskrabben aus dem nahen Alaska, Saison ist zwischen Oktober und Januar.

Tojos
1133 West Broadway
Vancouver
Tel. +1 604 872 80 50
www.tojos.com

2 Kunst und Cuisine

Das Bauhaus ist eine Mischung aus Galerie und Gourmet-Cuisine, einquartiert in einem historischen Gebäude mitten in Gastown. An den Betonwänden hängen riesige Gemälde, und selbst das Essen ist wie Kunst auf dem Teller. Dabei geht es hier nicht um zarte Gourmethäppchen, sondern deftige Braten- und Fleischgerichte von Chefkoch Stefan Hartmann. Und dank der offenen Küche kann man dem Team beim Werkeln zuschauen.

Bauhaus
1 W Cordova St., Vancouver
Tel. +1 604 974 11 47, www.bauhaus-restaurant.com

3 Farm-to-Table

Angefangen hat die kulinarische Reise von Lisa Ahiers 1993 auf einer Yacht in Florida – ihr Mann Artie war der Kapitän, Lisa kochte für die Gäste. Das Kochen delikater Gerichte auf kleinstem Raum wurde auch beim nächsten Projekt zur Herausforderung: in einem simplen Foodtruck in Tofino. Schon bald standen die Leute Schlange für Lisas schlichte, aber perfekt abgestimmte Snacks und Lunchkreationen wie die legendären Fish Tacos mit einer fruchtig-würzigen Salsa. Seit 2007 kocht sie in ihrem hübschen und luftigen Restaurant SoBo, jetzt mit großer offener Küche, Kunst an den Wänden und zwei kleinen Terrassen (eine sogar mit Lagerfeuer). Mit ihren innovativen und aromatischen Farm-to-Table-Köstlichkeiten, frischen Austern und zarten Fischgerichten löste sie im gemütlichen Surferdorf einen regelrechten Hype bei den Touristen wie bei den Locals aus – und wieder mal steht alles Schlange.

SoBo
311 Neill St., Tofino
Tel. +1 250 725 23 4
www.sobo.ca

4 Einfach süß

Giselle Courteau und Garner Beggs brachten die Idee für eine edle Konditorei von ihrem Aufenthalt im fernen Japan mit. Dort hatten sie monatelang die mit viel Präzision kreierten Stücke japanischer Schokokünstler bestaunt und sich durch die Vielfalt getestet. Ihre eigenen Versionen der Törtchen, Macarons und Croissants fanden so ihren Weg nach Edmonton. Und der Plan ging auf, die Gäste drängeln sich vor der hübschen, weitläufigen Pâtisserie, in der die handgefertigten Süßigkeiten weggehen wie anderswo die warmen Semmeln.

Wer vom delikaten Süßkram zu feinen Eigenkreationen inspiriert wird (oder ein Mitbringsel sucht): Der Shop führt auch eine eigene Zutatenserie namens „Provisions" mit Schokolade, Backutensilien und Marmeladen. Und wer in Edmonton in den Sommermonaten Zeit und Muße sowie eine Ader fürs Backen hat, sollte unbedingt einen Tortenkurs belegen.

Duchess Bake Shop
10718–124 Street NW
Edmonton
Tel. +1 780 488 49 99
www.duchessbakeshop.com

5 Retro-Asien-Style

Das Restaurant, in dem Christie Peters und Kyle Michael von The Hollows coole Hipster-Gerichte zaubern, ist ein ehemaliger Chinese mit Asia-Lampen, roten Holzbalken und mit Blumen verzierten Gläsern. Die neuen Eigentümer haben die Accessoires und Bilder hängen gelassen, einen kleinen Touch Brooklyn, viele Pflanzen und gedimmtes Licht dazu gebracht und losgekocht. Ihre trendige kanadische Küche ist Gaumengenuss aus lokalen Produkten – die Bandbreite geht von zartem Gemüse mit Pistazien und Zitronenessenz bis zu deftigen Rippchen mit Meerrettich. Und die aufwendigen Cocktails der bärtigen Bar-Herren mit tätowierten Armen runden den Abend mit Kunst im Glas ab. Eine Hommage an die Vergangenheit ist der China Town Sour mit Bourbon, Fernet Branca und Pflaumen, der Haskap Gin Fizz wiederum ist eine frische Neukreation mit Zitrone und Soda.

The Hollows
334 Ave C South
Saskatoon
Tel. +1 306 652 15 05
www.thehollows.ca

6 Frisch vom Fass

Vom Eigengebrauch zum Lieblingstrunk der Locals: Was mal als Hobby von Jeff und Graham in der heimischen Küche gebraut wurde, wird heute in den riesigen silbernen Braugefäßen mitten in der Tool Shed Brewing Company produziert. Im weitläufigen Raum mit viel Holz sitzt es sich gemütlich – man kommt hier bestens mit den Einheimischen in Kontakt. Und: Die bunt designten Bierdosen geben ein prima Mitbringsel ab.

Tool Shed Brewing Company
801 30 St. NE, Calgary
Tel. +1 403 775 17 49
toolshedbrewing.com

Vancouver Island
PACIFIC OCEAN
Maßstab 1:1.700.000
0
40 km
1
2
3
4
5
6
7
8
VANCOUVER
Nth. Vancouver
West Vancouver
COQUITLAM
NEW WESTMINSTER
BURNABY
Richmond
Delta
SURREY
LANGLEY
ABBOTSFORD
SAANICH
Victoria
Esquimalt
Oak Bay
Sidney
Duncan
Nanaimo
Parksville
Qualicum Beach
Courtenay
Comox
Campbell River
Gold River
Port Hardy
Fort Rupert
Port Alice
Tofino
Ucluelet
Port Alberni
Powell River
Squamish
Whistler
Pemberton
Strait of Juan de Fuca
Queen Charlotte Str.
Johnstone Str.
Strathcona Prov. Park
Cape Scott Provincial Park
Schoen Lake Provincial Park
Pacific Rim National Park Reserve
Garibaldi Prov. P.
Clayoquot Sd.
Barkley Sound
Nootka I.
Nootka Sd.
Quatsino Sd.
Kyuquot Sd.
Esperanza Inlet
Texada I.
Quadra I.
Redonda I.
Sonora I.
Toba Inlet
Bute Inlet
Knight Inlet
Desolation Sound Prov. Marine Park
Gulf Islands N.P. Reserve
S.Juan Islands
C. Flattery
Makah Ind.Res.

Wale, Wälder, Wildnis – und Victoria

Egal ob man wegen einsamer Natur, coolem Surfer-Life oder hübschem Kleinstadtflair nach Vancouver Island kommt – man erhält ein Gesamtpaket, abgerundet von bunten Gärten und freundlicher Entspanntheit. Von Vancouver kommend darf man mehrere Gänge herunterschalten.

1 Victoria

Kolonialbauten, moderne Bürofassaden, alte Geschichte und neue Szene – die Hauptstadt der Provinz British Columbia ist pieksauber, kultiviert, charmant und sogar stylisch und cool.

SEHENSWERT

Der **Inner Harbour** ist der zentrale Mittelpunkt der Stadt – am Abend wird die Promenade angestrahlt. Immer im Blick: die **Parliament Buildings** TOPZIEL (501 Belleville St., www.leg.bc.ca, tgl. 9.00–17.00 Uhr). Den 1897 fertiggestellten Prachtbau kann man auf eigene Faust oder bei einer kostenlosen Tour erkunden. Gegenüber erinnert das imposante **Empress Hotel** an alte Zeiten.

MUSEEN

In der **Art Gallery of Greater Victoria** (1040 Moss St., www.aggv.ca, Mo.–Mi., Fr./Sa. 10.00 bis 17.00, Do. 10.00–21.00, So. 12.00–17.00 Uhr) warten über 20 000 Werke, darunter eine der größten asiatischen Kollektionen in Kanada sowie der einzige japanische Shintoschrein Nordamerikas. Die First Nations Gallery im **Royal British Columbia Museum** (675 Belleville St., www.royalbcmuseum.bc.ca, tgl. 10.00–17.00 Uhr) gibt umfassenden Einblick in die Kultur der Nordwestküstenstämme. Gleich nebenan ist das National Geographic Theatre mit IMAX-Kino (www.imaxvictoria.com). Das **Maritime Museum of British Columbia** (634 Humboldt St., www.mbc.bc.ca, Sommer tgl., 10.00–17.00, Winter Di.–Sa. 10.00–16.00 Uhr) lässt Seefahrergeschichten und -zeiten wiederaufleben. Im **Emily Carr House** (207 Government Street, www.emilycarr.com) wurde Kanadas berühmte Malerin geboren.

EINKAUFEN

Ein Szene-Viertel mit Bars und Boutiquen ist **Fernwood Village** nordöstlich von Downtown. Zentraler für Fans ungewöhnlicher Läden ist die **Fan Tan Alley** (zwischen Pandora und Fisgenard St., westlich von Government St.) Hier haben sich junge Designer mit Mode-, Schmuck- und Kunstkreationen niedergelassen. Noch etwas schicker ist der **Market Square** (www.marketsquare.ca). Das alte Backsteingebäude war in Goldrausch-Zeiten ein Marktplatz mit Saloons und Hotels. Heute findet man individuelle Designergeschäfte wie Little Gold (Schmuck, www.littlegold.com), Still Life (Mode, www.stilllifeboutique.com) oder Little Shop of Strange (Skurrile, witzige Kunst, www.littleshopofstrange.com).

RESTAURANTS / HOTEL

Die Snacks, Pizzen und Süßigkeiten der Bäckerei **€ La Tana** (3 Fan Tan Alley #101, Tel. +1 250 920 62 13, www.latana.ca) duften bereits aus einem Block Entfernung.
Lokale Produkte, eine Käsetheke und Restaurants reihen sich im 2013 eröffneten **€ Victoria Public Market** aneinander (1701 Douglas Street www.victoriapublicmarket.com, Mo.–Sa. 10.00–18.00, So. 11.00–17.00 Uhr).

Victoria: In der Johnson Street

Moderner Diner-Style mit deftigen Gerichten und einer herausragenden Cocktail-Karte: das **€ € North 48** (1005 Langley St., Tel. +1 250 381 24 28, www.northfortyeight.com).
In Laufnähe zum Parliament liegt das schicke und ruhige **€ € € Victoria Marriott Inner Harbour** (728 Humboldt St., Tel. +1 250 480 38 00, www.victoriamarriott.com).

UMGEBUNG

20 Minuten von Victoria in **Colwood** wartet die Fisgard Lighthouse National Historic Site (603 Fort Rodd Hill Rd., Victoria, 15. Mai bis 14. Okt. tgl. 10.00–17.30, März–14. Mai Mi.–So. 10.00–17.30, 15. Okt.–Feb. Sa./So. 10.00–16.30 Uhr) mit ihrem malerischen Blick über die Esquimalt Lagoon. Der älteste **Leuchtturm** der Westküste (1860) sitzt auf einer grauen Felsplatte über der See.

INFORMATION

Tourism Victoria
820 Wharf St
Tel. +1 250 953 20 33
www.tourismvictoria.com

Tipp

Grüner Daumen

Die 22 Hektar großen, in Familienbesitz befindlichen Butchart Gardens machen Vancouver Islands Titel „The Garden City" alle Ehre. Was 1904 als privater Garten von Jennie Butchart begann, nahm bald riesige Ausmaße an: Unter anderem kreierte der japanische Landschaftsgestalter Isaburo Kishida 1907 bis 1912 den Ausbau. Sein versunkener Garten ist eine Augenweide, ebenso wie der Italienische Garten.

tgl. geöffnet
800 Benvenuto Ave, Brentwood Bay
Tel. +1 250 652 52 56
www.butchartgardens.com

2 Duncan

Die Kleinstadt 50 Kilometer südlich von Victoria zählt knapp 5000 Einwohner – und 80 Totems. In der „City of Totems" leben heute viele Nachfahren des Cowichan-Stammes, der die Gegend besiedelt hatte, bis die vom Goldrausch getriebenen weißen Siedler kamen.

MUSEEN

Im von Bäumen umgebenen **Quw'utsun' Cultural & Conference Centre** (200 Cowichan Way, Tel. +1 250 746 81 19, Mo.–Fr. 8.30–16.30 Uhr) kann man Einheimischen beim Schnitzen von Totempfählen oder beim Korbflechten zusehen. Weiter im Norden bietet das **BC Forest Discovery Centre** (2892 Drinkwater Rd, www.bcforestdiscoverycentre.com, April–Mai, Sept. Do.–Mo. 10.00–16.30, Sommer tgl. 10.00–16.30, Winter Fr.–So. 15.30–21.00 Uhr) Infos über Forstwirtschaft und Holzverarbeitung.

UMGEBUNG

Knapp 16 km nördlich wartet **Chemainus**. Die kleine Gemeinde mit aufwendig renovierten viktorianischen Bauten lebt von der Forstwirtschaft, wurde aber durch 39 aufwendige Murals an Häuserwänden mit Szenen zur Stadtgeschichte zum Ausflugsziel.

INFORMATION

Tourism Cowichan, 135 Third St., Duncan
Tel. +1 250 746 10 99
www.tourismcowichan.com

3 Nanaimo

Die zweitgrößte Stadt der Insel ist durch Fährterminal und Containerhafen eine wichtige Verkehrsachse. Ansonsten gibt es einige Shoppingcenter.

MUSEEN

Open-Air-Geschichtsunterricht erteilt die 1853 von der Hudson Bay Company errichtete **Bastion** (98 Front St., www.nanaimomuseum.ca, Winter Mo.–Sa., Sommer tgl. 10.00–17.00 Uhr). Ein paar Schritte weiter präsentiert das Nanaimo District Museum (100 Museum Way, www.nanaimomuseum.ca, Winter Mo.–Sa., Sommer tgl. 10.00–17.00 Uhr) detailgetreue Schnitzkunst der Küsten-Salish.

AKTIVITÄTEN

Die Natur um Nanaimo mit Stränden und Wäldern ist herrlich vielseitig. Wer Nervenkitzel und Adrenalinkick sucht: Von der Nanaimo Bridge werden **Bungeesprünge** aus 42 Meter Höhe angeboten (www.wildplay.com). Ruhiger geht es bei **Höhlentouren** im eine Stunde entfernten Horne Lake Caves Provincial Park (www.hornelake.com) zu.

INFORMATION

Tourism Nanaimo, 2450 Northfield Rd.
Nanaimo, Tel. +1 250 751 15 56
www.tourismnanaimo.com

Tipp

Frische Fische

Vancouver Island ist bekannt für grandiose Lachsvorkommen, aber auch Krabben und Austern werden frisch aus dem Pazifik gefischt. In Tofino kann man an der kleinen Marina Fischern wie Joel beim Zerlegen des Fangs zuschauen – und im Triology Fish Store zehn Schritte entfernt einkaufen.

Trilogy Fish Co., 630 Campbell St.
Tel. +1 250 725 22 33
www.trilogyfish.ne

4 Port Alberni

Das kleine Städtchen am malerischen Fjord gelegen, ist wie viele Orte dieser Gegend von der Holzwirtschaft geprägt – Symbol dafür ist das wuchtige Sägewerk.

MUSEEN

Der Weg zum **Maritime Discovery Centre** (2750 Harbour Rd, www.alberniheritage.com, Di.– Sa. 10.00–17.00, Do. bis 20.00 Uhr) ist einfach: Immer dem rot-weißen Leuchtturm am Hafen folgen. Die Küstenseefahrt steht im Mittelpunkt der Ausstellung. Die Geschichte der First Nations aber auch die Entwicklung von Fischerei und Holzindustrie wird im **Alberni Valley Museum** (4255 Wallace St., Di.–Sa. 10.00 bis 17.00, Do. 10.00–20.00, Juli/Aug. Mo. 12.00 bis 17.00 Uhr, Tel. +1 250 720 28 63) nachgezeichnet.

AKTIVITÄTEN

Der schmalspurige historische Port Alberni Steam Train (Di.–Sa. 10.00–17.00 Uhr) fährt täglich vom Hafengebiet Port Alberni bis zur McLean Mill. Die **Fahrt mit der Dampflok** dauert 35 Minuten.

UMGEBUNG

Mystisch und faszinierend: Eine halbe Autostunde östlich strecken sich im **Cathedral Crove** des MacMillan Provincial Park wuchtige, mehrere hundert Jahre alte Zedern bis zu 75 m in den Himmel. Die Waldwege sind eben und teilweise mit Holzbohlen ausgelegt.

INFORMATION

Alberni Valley Tourism, 2533 Port Alberni Hwy., Tel. +1 250 724 65 60
www.albernivalleytourism.com

5 Pacific Rim National Park Preserve

Die Magie des rund 500 km² großen Naturschutzgebietes an der Westseite von Vancouver Island ist berauschend: Mal preschen die Wellen geräuschvoll gegen die Granitfelsen wie am **Wild Pacific Trail** bei Ucluelet. Spitz ragen die Felsen hier aus der tobenden See, besonders schön ist der Lighthouse Loop (2,6 km). Dann wieder warten herrliche Strandbuchten wie am **Half Moon Bay Trail** oder Surfstrände wie am **Long Beach**. Der ist nicht nur für seinen perfekten „Push" bekannt, sondern durch die unglaubliche Weite und die mächtigen Treibholzstämme am Ufer auch für Postkartenmotive beliebt. Die Broken Group Islands im Barkley Sound von **Ucluelet** wiederum sind ein Labyrinth aus Inselchen, die man per Boot besuchen kann. Für Wanderer ein Traum ist der **West Coast Trail** (www.pc.gc.ca/eng/pn-np/bc/pacificrim/activ/activ6a/v.aspx). Die anspruchsvolle Strecke (75 km) ist gebührenpflichtig und von Mitte April bis Oktober nur mit Anmeldung begehbar.

Tolle Lage: das Wickaninnish Inn in Tofino

INFORMATION

Pacific Rim Visitors Centre
2791 Pacific Rim Hwy, Ucluelet
Tel. +1 250 726 46 00
www.pacificrimvisitor.ca

6 Tofino

Das Surfermekka der Insel wird gern als „Hamptons" der Vancouverites betitelt: Reiche Städter fliegen fürs Wochenende mit dem Wasserflugzeug ein. Trotzdem bewahrt sich das Fischerdorf einen Hippiecharme. Im Sommer sollte man gut planen und in Restaurants wie Hotels vorab reservieren.

SEHENSWERT

Der First-Nations-Künstler Roy Vickers stellt seine Werke in der **Eagle Aerie Gallery** (350 Campbell St., www.royhenryvickers.com, tgl. 10.00–17.00 Uhr) in einem traditionellen Longhouse aus. Eine kleine Oase wartet etwas außerhalb des Ortes bei den **Tofino Botanical Gardens** (1084 Pacific Rim Hwy., www.tbgf.org, tgl. 9.00 bis Sonnenuntergang). Auf verschlungenen Pfaden geht man durch hohe Regenwälder, Kräuteranlagen und Skulpturengärten – im Haupthaus ist zudem eine Eco-Lodge untergebracht. Heiße Entspannung findet man bei der **Hot Springs Cove** TOPZIEL, nördlich des Clayoquot Sound – nur mit Boot oder Wasserflugzeug zugänglich.

RESTAURANTS / HOTEL
Das **€ € Wolf in the Fog** (150 Fourth St., Tel. +1 250 725 96 53, www.wolfinthefog.com) ist der coolste Treff des Ortes mit deftigen Burgern, Fischgerichten und gutem Bier.
Die Surfer-Crowd trifft sich in Wetsuit und mit Board im Schlepptau am **€ Tacofino** (1180 Pacific Rim Hwy / Live to Surf Plaza, Tel. +1 250 725 82 28, www.tacofino.com).
Das **€ € € € Wickaninnish Inn** (500 Osprey Ln., Tel. +1 250 725 31 00, www.wickinn.com) ist eine schicke und naturverbundene Oase mit Blick über den Chesterman Beach.

INFORMATION
Tourism Tofino, 1426 Pacific Rim Hwy
Tel. +1 250 725 34 14
www.tourismtofino.com

7 Campbell River

Das „Salmon Capital of the World" ist ein Anglerparadies. Im Juli steht alles im Zeichen des Salmon Festival.

AKTIVITÄTEN
Ganzjährig kann man seine **Angel** am Discovery Pier auswerfen. Aber auch **Walbeobachtungstouren** und **Wasserflugzeug-Rundflüge** werden angeboten.

HOTEL
Im **€ € € Dolphins Resort** (4125 Discovery Drive, Tel. +1 250 287 30 66, www.dolphinsresort.com) schläft man in schicken Holzhütten, diniert wird mit Blick auf den Fluss.

UMGEBUNG
Der Highway 28 führt nach Westen in den vielseitigen **Strathcona Provincial Park**.

8 Port Hardy

Der nördlichste Ort von Vancouver Island (4000 Einw.) lebt von Tourismus, Fischfang und der Holzindustrie.

SEHENSWERT
Das lokale **Museum** (7110 Market St., www.porthardymuseum.com) zeigt viel First-Nations-Kunsthandwerk. Im September finden traditionell die **Indian Summer Games** der Stammesmitglieder statt.

UMGEBUNG
An der wilden Nordwestspitze breitet sich der **Cape Scott Provincial Park** aus. Der 30 Min. entfernte Hafen **Port McNeill** bietet sich für kurze Wanderungen an. Südöstlich liegt **Telegraph Cove**, eine der wenigen verbliebenen Fischersiedlungen auf Stelzen.

INFORMATION
Port Hard & District Visitor Information Centre, 7250 Market St.
Tel. +1 250 949 76 22
www.porthardychamber.com

Genießen   Erleben   Erfahren

DuMont Aktiv

Wal-Tour mit Bären-Bonus

Wale, Seehunde, Fischotter – in den Gewässern rund um Vancouver Island und vor allem vor Tofino tummelt sich einiges im Wasser. Und auch am Ufer. Denn wenn man Glück hat, bekommt man die ganze Tierbandbreite geboten.

Captain Toni schaltet den Motor aus und zeigt nach links. Ganz vage ist an der Wasseroberfläche eine Bewegung erkennbar. Drei Sekunden später: Ein Wal springt aus dem Wasser, riesig, dreht sich kurz zur Seite und taucht wieder ab. Alle im Boot sind angespannt, zu aufregend war der hüpfende Wal, klar will man mehr. Doch Toni hat noch etwas anderes in petto. Wir gleiten näher an den Rand der Insel und fahren entlang der dichten Wälder aus Tannen und Schwarzfichten. An einer kleinen Bucht mit Kieseln verlangsamt Toni die Fahrt. Ein Wal? Hier? Das Wasser ist flach. Dann sehen wir ihn, den Braunbären, der gerade aus dem Dickicht trottet. Langsam, dem Boot keine Beachtung schenkend.

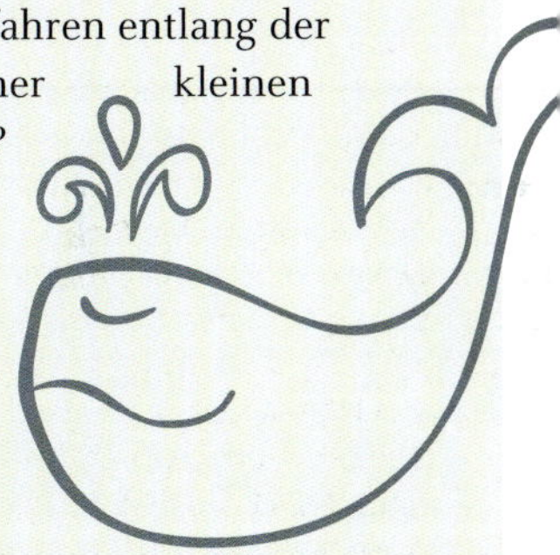

An Bord herrscht Aufregung, aber auch wildes Kamera-Klicken, dem der Bär irgendwann das Hinterteil kehrt und verschwindet. Wir verlassen die Bucht, gelangen wieder in tiefere Gewässer, um nach Walen zu suchen. Zwei Seeotter schwimmen uns entgegen. Toni ist zuversichtlich. „Guter Tag heute. Ich glaube, da vorne bewegt sich etwas."

Weitere Informationen
Jamie's Tofino Station
Tel +1 250 725 39 19
www.jamies.com

dreistündige Wal-Beobachtungstour:
ca. CAD 100 pro Person
(Erwachsene)

Was sich da bewegt, sorgt für Aufregung: Grauwale und Orcas tummeln sich in den Gewässern vor Vancouver Island, an Land posieren die Bären.

Berauschende Vielfalt

Im Westen thronen die immerweißen Berge von Whistler, im Nordosten markieren die monumentalen Rocky Mountains die Grenze zu Alberta – und zwischendrin? Tiefblaue Bergseen, malerische Weingebiete, aber auch Beachlife mit Stadtstränden. Und, kaum zu glauben, sogar Wüste gibt es hier.

Im Dunstkreis von Whistler: Trailreiten in den Bergen bei Pemberton

Schwarz auf Weiß: Blick vom Whistler Mountain auf den Black Tusk, einen ehemaligen Vulkanschlot

Hier scheint alles noch höher, noch weiter, noch cooler zu sein.

„Und ich dachte, ich lebe im schönsten Land der Erde. Bis ich hierher kam.“ Steve, ein quirliger Australier mit braungebranntem Surfer-Teint unterm grellroten Hoodie, zeigt auf das Panorama, das sich vor der Peak-to-Peak-Gondola ausbreitet. Unsere Gondel gleitet von Whistler weg und hinauf auf den Blackcomb Peak, unter uns dicht aneinander gereihte dunkelgrüne Fichten und mit Schnee bedeckte Berggipfel. Die Sonne strahlt, am Himmel ist kein Wölkchen und mir ist etwas flau im Magen. An der Station noch mutig, kommt mir der Glasboden der Gondel doch recht gewagt vor. Während die roten Gefährte einen „normalen“ Boden haben, ist eine silberne mit dem „Rundumblick“ ausgestattet – kleiner Adrenalin-Kick. Oder, wie die Steves Gruppe im Minutenabstand ausruft: „Epic!“

Will man British Columbia, kurz BC genannt, die mit fast 945 000 km² drittgrößte Provinz Kanadas mit einem Wort beschreiben, dann fasst „episch“ alle Superlative perfekt zusammen. Hinter Vancouver breitet sich BC wie ein aus unterschiedlichen Fasern gewebter Teppich in den Nordosten aus. Was die Provinz so episch macht, ist die Vielseitigkeit der Natur, mit ihren Höhen, Tälern, Seen und Stränden – aber auch der Intensität der Farben, Gerüche und Erlebnisse.

Höhenflüge, überall

Irgendwie scheint hier alles noch höher, noch weiter, noch cooler zu sein: Whistler ist nur ein Beispiel dafür. Mit 22 km² das größte Skigebiet Nordamerikas, hat man über 200 Pisten zur Auswahl, von Anfängerpisten bis zum Double-Diamond-Grad. Für Pulverschneefans mit Extrabudget ist Helikopter-Skiing als Steigerung möglich. Nicht nur im Winter, denn dank des Gletschers auf dem Blackcomb ist auch im Sommer Skilaufen möglich. Höhenmutige können beim Ziplining über die Täler hinwegrauschen oder per Mountainbike die Bergpfade abwärts jagen. Aber selbst Wandern kann bei der spektakulären Szenerie so einiges an Endorphinen auslösen.

Zum Nervenberuhigen hat man im kleinen Whistler dann festen Boden unter den Füßen. Das Tal war einst eine traditionelle Handelsroute von First Nations wie den Squamish und Lil´wat. Bis die Briten kamen und den oft im Nebel versunkenen Berg „London“ tauften. Der Name haftete nicht – dafür sorgte das kontinuierliche Gepfeife (auf Englisch „whistle“) der örtlichen Murmeltiere. Ende der 1970er-Jahre begann der Skitourismus, spätestens 2010 katapultierten die Olympischen Winterspiele die Hänge auf die To-do-Listen von Skifans weltweit. Der Ort hat sich einen gewis-

Lockere Atmosphäre, gute Stimmung im Restaurant Brewhouse in Whistler

Oben: Das 2016 eröffnete Audain Art Museum in Whistler zeigt Werke wichtiger First-Nation-Künstler
Unten: Whistler – keiner raucht, jeder trägt sportlich-saloppe Kleidung.

Whistlers pittoreskes und abends kunterbunt erleuchtetes Stadtzentrum ist autofrei.

Rechts: Die Mischung macht's in British Columbia – mal Wildnis, mal Kulturlandschaft, immer atemberaubend schön.

Oben: Die Kirche St. John the Divine in Yale am Fraser River wurde 1860 errichtet und ist die drittälteste Kirche in British Columbia.

Mitte: Einfach traumhaft, der Duffey Lake Provincial Park zwischen Lillooet und Pemberton
Unten: Sicher passiert die „Airtram" das Höllentor. Hell's Gate ist eine legendäre Engstelle am Fraser River.

Ein Herz und eine Seele: Bei den mehrtägigen Trailritten rund um Pemberton wachsen Ross und Reiter zu einem gut eingespielten Team zusammen.

sen Old World Charme bewahrt, heute gemischt mit dem lässig-teuren Outdoor-Vibe. Und die Partys in den Bars und kleinen Clubs gelten ebenfalls als episch.

Anno 1808: Ein beschwerlicher Start

„So etwas wie diese Gegend habe ich nirgendwo gesehen. Es ist so wild, mir fehlen die Worte zur Beschreibung unserer ausweglosen Situationen. Wir mussten Stellen überqueren, auf die sich kein Mensch wagen sollte...", schrieb Simon Fraser 1808 unweit von Hell´s Gate in sein Tagebuch. Die Reise entlang des nach ihm benannten Flusses bis zum Pazifik war zermürbend und lebensbedrohlich. Ganz nebenbei entdeckte der Pelzhändler aber weite Teile Westkanadas und schuf die erste weiße Siedlung von British Columbia. 36 Tage brauchte er für die Bewältigung des Fraser River, der an manchen Stellen so wild ist, dass seine Truppe die Kanus zurückließ und zu Fuß weiterging. Wie am Hell´s Gate, wo der Fluss 750 Mio. Liter Wasser pro Minute durch den zu einem Nadelöhr verengten Canyon drückt. Heute schwebt man mit einer „Airtram" über das tobende Gewässer und kann nur den Kopf schütteln über die Kühnheit der ersten Siedler. Auch sonst machen es die geteerten Straßen und kleinen Ortschaften mittlerweile leicht, die spektakuläre Natur von BC ohne Fraser'sche Verzweiflung zu bestaunen, dafür mit weit offenstehendem Mund.

Und plötzlich: Strandleben

Manchmal aus purem Unglauben. Denn man rechnet mit vielem im vielseitigen British Columbia – aber ein geradezu mediterranes Strandgefühl? Mit Sonnenschirmen, Klappstühlen und Badewannenwasser? Glaubt man den braungebrannten Locals, scheint im Okanagan Valley öfter die Sonne als in Honolulu, was dem sonnigen Tal einstmals den Spitznamen „Obstkorb Kanadas" einbrachte. Mittlerweile rühmt man sich etwas edler als „Weinhochburg".

Streifzug in den Rockies: der Yoho National Park, hier an der Emerald Lake Road (großes Bild); der Kinney Lake Trail im Mount Robson Provincial Park (Mitte); Rafting auf dem Kicking Horse River im Yoho National Park (unten).

In Revelstoke geht es recht entspannt zu. Die einen kehren in die Zivilisation zurück, andere starten von hier aus ihre Trips.

Vor dem Aufbruch in die Monashee Mountains am besten nochmal in Revelstoke gemütlich essen gehen.

Den aromatischen Riesling trinken Gäste an der Uferpromenade von Kelowna nach einem kleinen Spaziergang vorbei an den Pianos, die überall zum öffentlichen Spiel aufgestellt sind. Blake, ein 19-jähriger im Justin-Bieber-Look, spielt die kleine Nachtmusik mit theatralischem Finale, man applaudiert. Die Mischung aus California-Feeling und Hippie-Happiness ist ansteckend. Vernon, 1864 gegründet, ist weniger touristisch – und macht Käseliebhaber glücklich. Der würzige Cheddar ist ein Gedicht. Die Farmen der Umgebung produzieren davon drei Millionen Tonnen im Jahr. Am besten probiert man sich auf dem kleinen Bauernmarkt des Ortes durch die verschiedenen Sorten. „Cheesy Gold" steht dort auf einem der kleinen Holzschilder. Man kann damit vielleicht keine Millionen machen, muss sich aber auch nicht durch die Flusstäler schürfen.

Die reichen Schätze des Landes

Der Goldrausch, er zog natürlich auch durch BC. 1863 wurde im Wild Horse Creek bei Cranbrook Gold entdeckt; man schürfte nicht lange, hinterließ aber Fort Steele, heute ein Freilichtmuseum. Doch der Boden erwies sich auch durch andere Schätze als „Goldmine": Das Elk Valley an der Grenze zu Alberta ist bis heute ein wichtiges Kohlerevier. Bis 2001 förderte man bei Kimberley Zink, Blei und Silber. Zurückgeblieben sind historische „Mining Towns", die hübsch hergerichtet mit dem Flair des Wilden Westens spielen, sonst aber hauptsächlich von der Vermarktung der Sportmöglichkeiten leben. Und die ist gigantisch. Fernie, Kimberley, Rossland, Invermere oder Fairmont Hot Springs sind herrliche Ski-, Snowboard- und Mountainbiking-Gebiete, die Provinzparks Valhalla, Kokanee Glacier oder Goat Range wiederum Wanderwunderländer. Die kleinen Orte zwischendrin sind entspannte Enklaven wie Revelstoke. Cannabis ist hier legal, die Einheimischen freundlich und der historische Stadtkern wie aus dem Bilderbuch. Umgeben von den Monashee- und Columbia-Gebirgsketten trifft man sich im Sommer allabendlich am Grizzly Plaza. Unterm roten Pavillon spielen Bands, Singer/Songwriter packen die Gitarre aus und der halbe Ort sitzt gemütlich auf weißen Plastikstühlen und schnippt mit den Fingern.

Die historischen „Mining Towns" spielen mit dem Flair des Wilden Westens.

Endlich: die Rockies!

Es ist der Moment auf den man bei jeder West-Kanadareise hin fiebert: der erste Blick auf die Rocky Mountains. Mit den dramatischen Felsformationen, die spitz in den Himmel ragen und von Schnee bedeckt sind, ist das Massiv eine wuchtige und gleichzeitig elegante Erscheinung, die sich von Mexiko über die USA bis nach Kanada erstreckt. Eiszeiten, Verschiebungen der Sedimentschichten und eine 60 Millionen Jahre alte Geschichte aus Wind und Wetter haben der Bergkette ihr zerfurchtes „Outfit" verpasst.

Berauschend schön: Mount Robson

Als wäre das Panorama nicht schon spektakulär genug, wartet im Norden von BC noch ein Superlativ: Mit 3954

Oben: Im Okanagan Tal ist es warm genug für Weinbau. Warum also nicht auch fürs Baden? Das mag sich die Burrowing Owl Estate Winery gedacht haben und bietet neben Wein auch Logis mit Pool. Mitte: Im Whistler Bike Park finden Mountainbiker den richtigen Kick.

Sieht einfach aus, ist es aber nicht. Slacklining im Okanagan Lake City Park in Kelowna

Von Schneebergen und Wäldern keine Spur. Stadtstrände und Promenaden verbreiten wie hier in Kelowna herrlich-sonniges Feriengefühl. Im Hintergrund die Okanagan Lake Bridge.

Kelowna ist die größte Stadt im Okanagan Valley. Seit 1906 wird jährlich eine internationale Regatta ausgetragen.

Am Jachthafen findet sich immer ein ruhiges Plätzchen. Kelowna steht mit vielen Läden, Restaurants und Parks ganz im Zeichen des Tourismus.

Special

Wüste

Ein Hauch Sahara

Wüstenträume – selbst die erfüllt Kanada. Südlich des Okanagan Lake breitet sich die Osoyoos Desert aus, viel weiß-gelber Sand vor knallblauem Himmel.

Die Szenerie mutet fast ein wenig wie eine Fata Morgana an. Mit unter 300 mm Niederschlag im Jahr trifft man hier auf die trockenste Gegend des Landes. Die Vegetation ist so einzigartig wie ihre Bewohner: Seltene Tiere wie der Tigersalamander, Nachtschlangen und eine vom Aussterben bedrohte Eulenart leben hier.

Kanadas einzige Wüste wird wegen ihrer überschaubaren Fläche von kaum 100 Hektar auch gern liebevoll „Pocket Desert" genannt, verloren geht man also nicht. Im gleichnamigen Örtchen, das die Locals treffend „Spanish Capital of Canada" nennen, fühlt man sich dank weiß getünchter Häuser mit roten Dächern und Gittern aus Schmiedeeisen tatsächlich ein bisschen wie in Mexiko. Bestärkt wird das noch am nahen Strand, der den Osoyoos Lake umgibt, ein beliebter Spot zum Sonnenbaden. Zahlreiche Informationen zur Natur, den Lebewesen der Wüste und den First Nation-Traditionen der Gegend gibt es im NK'MIP Desert Cultural Centre (1000 Rancher Creek Road Osoyoos, www.nkmipdesert.com). Die besten Monate für Besuche in Kanadas Wüste sind Mai und Juni sowie September und Oktober.

Trockene Angelegenheit: die Osoyoos-Wüste

Metern ist Mount Robson der höchste Berg der kanadischen Rockies und ein berauschend schönes Bildmotiv. Die Besteigung? Leicht begehbare Routen gibt es keine, pro Jahr schaffen es nur eine Handvoll Bergsteiger. Dann doch lieber unterhalb des mächtigen Gesellen die Wildnis entdecken, die sich hier in ihrer vollsten Schönheit und Vielseitigkeit zeigt. Die Wahrscheinlichkeit, Bären zu sehen, ist hoch.

Ähnliche Spektakel der Tierwelt spielen sich in den beiden östlichen Rockie-Mountain-Nationalparks von BC ab, Kootenay und Yoho. Gemeinsam mit Banff und Jasper in Alberta bilden sie einen einzigartigen Naturraum, dem die UNESCO Welterbe-Status verliehen hat. Hier leben neben Grizzlies auch Schwarzbären, Hirsche, Elche und Berglöwen. Von ewigem Eis bedeckte Dreitausender sorgen für Postkartenmotive, der Kicking Horse und der Columbia River erfreuen Adrenalinjunkies mit schnellen Strudeln beim Wildwasser-Rafting. Im Norden rauschen die Takakkaw Falls aus 254 Metern Höhe im Yoho-Nationalpark in die Tiefe. Der Name des Parks passt zur atemberaubenden Szenerie: „Yoho" ist ein Cree-Wort des Erstaunens. Und damit wohl die Frist-Nations-Version für „Epic".

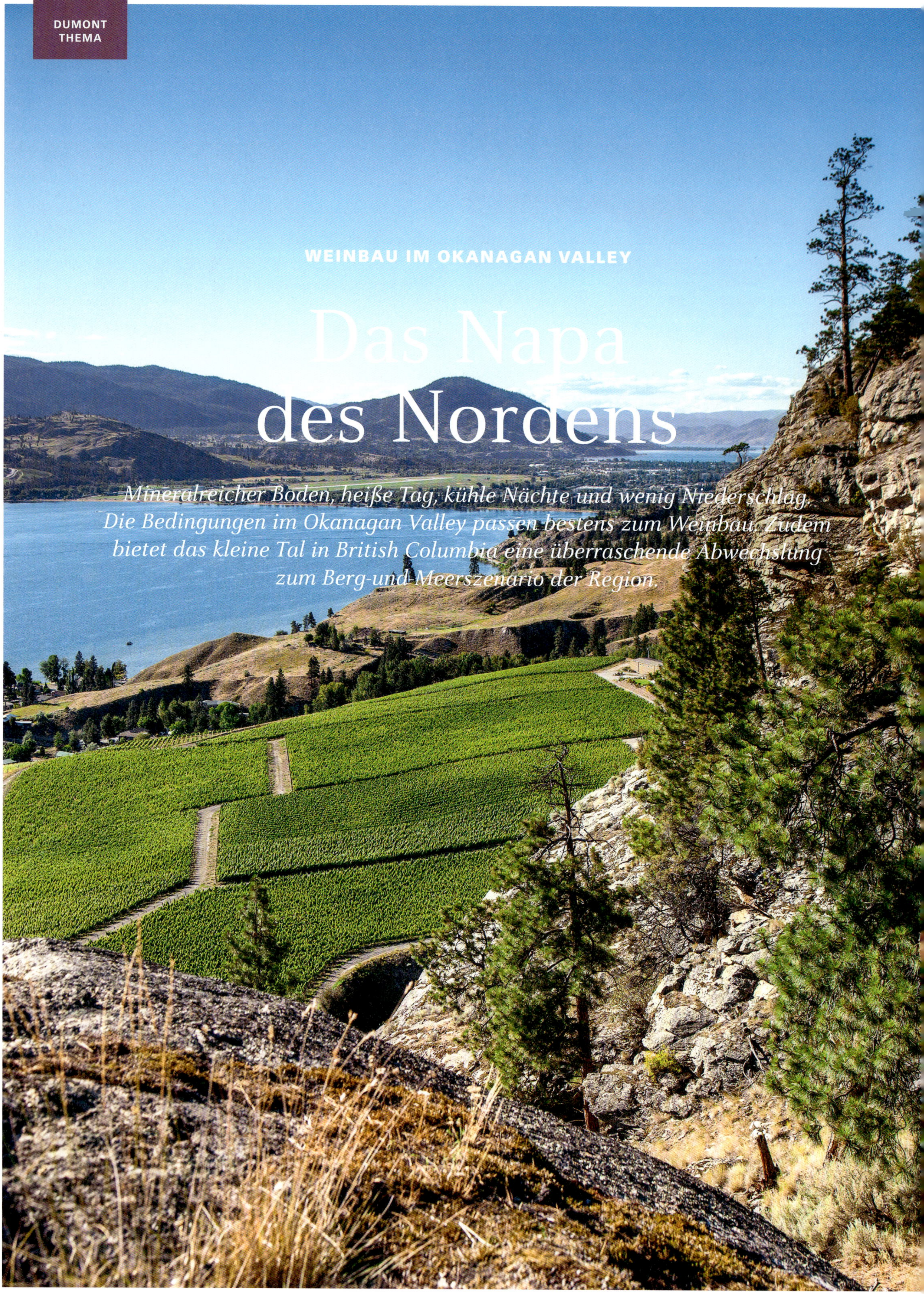

WEINBAU IM OKANAGAN VALLEY

Das Napa des Nordens

Mineralreicher Boden, heiße Tag, kühle Nächte und wenig Niederschlag. Die Bedingungen im Okanagan Valley passen bestens zum Weinbau. Zudem bietet das kleine Tal in British Columbia eine überraschende Abwechslung zum Berg-und-Meerszenario der Region.

Er trägt weder Holzfällerhemd noch feste Boots, hat keinen Grizzly und auch kein Kanu im Schlepptau. Jim Wyse, Besitzer der Burrowing Owl Estate Winery, trägt legeren Business-Schick und würde optisch perfekt in ein französisches Weingut im Bordeaux passen. Aber auch sonst rüttelt das Okanagan Valley alle gemeinhin geltenden Vorstellungen von Kanada mächtig durcheinander. Das kleine Tal hat mediterranes Flair und französisches Savoir-vivre, am knallblauen See strecken sich in perfekten Reihen grüne Reben durch die sanft geschwungenen Täler und die Hänge hinauf.

Vergessen ist der Sprühregen von Vancouver und die frische Bergluft von Whistler. Am Südende des Sees, in Naramata, ist es mit weniger als 10 Liter Regen pro Quadratmeter und Jahr ausgesprochen trocken. Heiße Tage und kühle Nächte sorgen dafür, dass die Trauben einen wohlbalancierten Säuregrad bewahren. Die Voraussetzungen sind also bestens für Bordeaux-Weine wie Cabernet Sauvignon, für Cabernet Franc und Merlot. Weiter nördlich, wo es etwas kühler wird, finden Silvaner, Optima, Pinot Gris, Chardonnay und Pinot Blanc Idealbedingungen.

Das erkannte auch der Vancouver Unternehmer Jim Wyse 1993, als er auf der Suche nach neuen Geschäftsprojekten durch die Region fuhr und in der Nähe des Örtchens Oliver ein vernachlässigtes Weingut entdeckte. Heute produziert das Burrowing Owl erfolgreiche Weine in ökologischem Anbau; seit 2010 auch den Athene, ein Blend aus Syrah und Cabernet Sauvignon – ein perfekter Tropfen für deftige Steak-Gerichte.

Rund 150 Jahre Weinbau

Weit über 40 Winzereien gibt es heute im einstigen „Obstkorb" des Landes auf den Feldern, die früher für eben jenen Aprikosen- oder Apfelanbau genutzt wurden. Schicke Design-Anlagen wie die 50th Parallel Estate Winery haben sich hoch auf den Hängen angesiedelt und produzieren frische, aromatische Weine. Curtis Krouzel und Sheri-Lee Turner-Krouzel pflanzten 2009 die ersten Reben – allein in 2016 produzierte das Gut knapp 14 000 Kisten darunter Pinot Noir, Pinot Gris, Gewürztraminer und Riesling. Spannend ist auch die Anlage von Mission Hill, deren Eingang zunächst wie ein etwas protziger Kunst-Kirchenbau mit Glockenturm aussieht, sich dann aber als herrlich weitläufige Weinanlage mit aromatischen Tropfen entpuppt.

Apropos Kirche: Angefangen hat alles mit Father Charles Pandosy, einem Jesuiten, der 1859 an der Stelle des heutigen Kelowna eine Mission gründete und Trauben anbaute – für Messwein.

Wie schmeckt Wein aus Kanada? Einfach probieren, beispielsweise im Weingut Burrowing Owl Estate, West Kelowna (oben) oder im Weingut Quails Gate (unten). S. 64: Den Skaha Lake bei Penticton säumen Weinhänge.

Weingut Mission Hill, West Kelowna: Viele Weingüter sind auch zu besichtigen.

Informationen

Burrowing Owl Estate Winery:
500 Burrowing Owl Place, Oliver
Tel. +1 877 498 06 20, www.burrowingowlwine.ca

50th Parallel Estate Winery:
17101 Terrace View Road, Lake Country
Tel. +1 250 766 34 08, www.50thparallel.com

Mission Hill: *1730 Mission Hill Rd, West Kelowna,*
Tel. +1 250 768 76 11, www.missionhillwinery.com

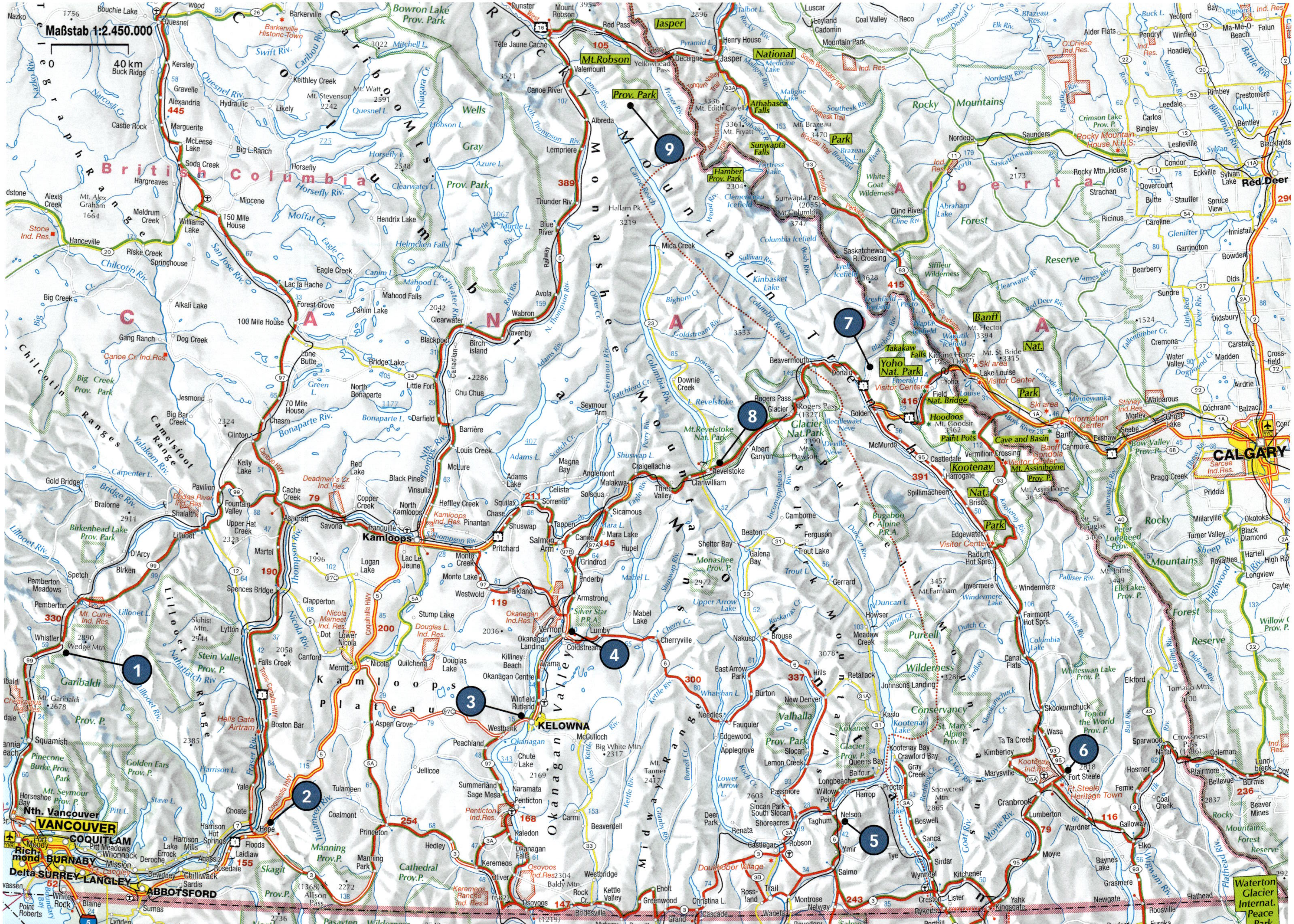

Maßstab 1:2.450.000
40 km
CALGARY
Red Deer
VANCOUVER
Nth. Vancouver
BURNABY
COQUITLAM
ABBOTSFORD
KELOWNA
Kamloops
Penticton
Vernon
Revelstoke
Golden
Banff
Jasper
Nelson
Whistler
Hope
Princeton
Okanagan Valley
Kamloops Plateau
Lillooet Range
Camelsfoot Range
Chilcotin Ranges
Cariboo Mts.
Monashee Mountains
Selkirk Mountains
Purcell Mountains
Rocky Mountains
Midway Range
British Columbia
Alberta
Mt. Robson
Wells Gray Prov. Park
Glacier Nat. Park
Yoho Nat. Park
Banff
Kootenay Nat. Park
Waterton Glacier Internat. Peace Park
1
2
3
4
5
6
7
8
9

Berge, Wasserfälle, Strände – hello BC!

Outdoorfans kommen in BC in Entscheidungsnöte: Skifahren, wandern, schwimmen oder doch lieber den Weinberg entlangspazieren und bei einer Weinprobe die Geschmacksnerven „trainieren"? Die Vielseitigkeit der Provinz ist berauschend, deren Schönheit sowieso.

1 Whistler

Der pittoresk gelegene Ort mit dem Blick auf die wuchtigen Berge ist Kanadas beliebtestes Skigebiet – ganzjährig. Aber auch Wanderer und Naturliebhaber kommen mit einem Netz aus über 50 Wanderrouten auf ihre Kosten. Der Ort ist gerade mal eineinhalb Stunden von Vancouver entfernt.

AKTIVITÄTEN

Skifahren ist in Whistler ganzjährig angesagt. Sommerskifahrer werden am Horstman Glacier glücklich. **Wandern**: Der neue Spearhead Walk am Whistler Mountain ist eine Augenweide. Er beginnt direkt an der Roundhouse Lodge und führt vorbei an Wildblumen-Feldern und grandiosen Bergaussichten. Die **Peak-to-Peak-Gondola** TOPZIEL (Mo.–Fr. 9.00–17.00, Sa./So. 8.30–18.00 Uhr, www.whistlerblackcomb.com) gleitet in ca. 20 Min. auf den **Blackcomb Mountain**. Dort warten 18 Wanderwege, zahlreiche Skiabfahrten und Restaurants und das Ziplining (Zip Trek, Tel +1 866 935 00 01, www.ziptrek.com).

Tipp

Kunst und Natur im Einklang

Eine Kunstgalerie, die eins wird mit der Natur – keine leichte Aufgabe. Architekt John Patkau gelang es aber, mit seiner eleganten Konstruktion aus Holz und Glas das Audain Art Museum nahtlos mit Bergen und Wäldern von Whistler verschmelzen zu lassen. Die Privatkollektion des kanadischen Baumagnaten Michael Audain findet seit März 2016 auf den 5200 m² Platz. Schwerpunkt ist First-Native-Kunst.

Mi.–Mo. 10.00–17.00 Uhr
350 Blackcomb Way, Whistler
www.audainartmuseum.com

Whistler erstrahlt abends in allen Farben (o.l.). Pause am Duffey Lake nordwestlich von Whistler (o.r.) und auf dem Blackcomb Mountain (u.)

SEHENSWERT

Schöne Ausblicke vor allem beim Sonnenaufgang gibt es im **Rainbow Park** am Alta Lake (Westseite) oder vom **Green Lake Park** (West/Nordende) auf das gesamte Tal von Whistler. Beides ca. 15 Min. per Taxi vom Ort.

RESTAURANTS

Die **€ € Rendezvous Lodge** (4545 Blackcomb Way, www.whistlerblackcomb.com/the-village/dining/rendezvous) am Blackcomb bietet mit Sushi, Mexikanisch und Burgern im lässigen Kantinenstil eine ganze Geschmackspalette, das alles mit Traumausblick.
Am Abend trifft sich alles im riesigen **€ € Whistler Brewhouse**, (4355 Blackcomb Way, Tel. +1 604 905 27 39, www.mjg.ca); besonders schön ist die Terrasse.

2 Hope

Im 600-Einw.-Städtchen schlängelt sich der Fraser durch die Cascade Mountains. Gold und Bau der Eisenbahn gaben dem ehemaligen Posten der Hudson´s Bay Company einen wirtschaftlichen Ruck – heute starten Outdoorfans zu Trips in den Fraser Canyon.

SEHENSWERT

Infos zur Geschichte der Gegend liefert das **Hope Museum** (919 Water Avenue, www.hopebc.ca).

UMGEBUNG

54 km nördlich tobt am **Hell´s Gate** der wildeste Abschnitt des Fraser Canyon. Mit der Airtram (43111 Trans-Canada Hwy, www.hellsgateairtram.com, April–Juni, Sept.–Okt. 10.00 bis 16.00, Juli/Aug. 10.00–17.00 Uhr) schwebt man in sicherem Abstand darüber hinweg.

INFORMATION

Hope Visitor Centre, 919 Water Avenue
Tel. +1 604 869 20 21, www.hopebc.ca

3 Kelowna

Mir rund 118 000 Einw. ist Kelowna wirtschaftliches Zentrum des **Okanagan Valley** TOPZIEL. Weinbau wird in dieser sonnigen Ecke des Landes groß geschrieben.

SEHENSWERT
Der **City Park** ist der Mittel- und Treffpunkt der Stadt. Das **BC Orchard Industry Museum** (1304 Ellis St., www.kelownamuseums.ca, Di. bis Sa. 10.00–17.00, Sa. 11.00–16.00 Uhr) informiert über Obst- und Weinanbau der Region. Im **Okanagan Heritage Museum** (470 Queensway Av, www.kelownamuseums.ca, Mo.–Sa. 10.00–17.00 Uhr) gibt es Geschichtliches.

AKTIVITÄTEN
Wassersport pur: In der Kelowna Marina kann man Boote und Waterscooter ausleihen. Der River Channel wird im Sommer zum Luftmatratzen- und Schlauchboot-Treff. Es gibt Shuttlebusse für die Rafter.

RESTAURANT
Ein Hauch Bella Italia mit rustikalen Käse- und Salamiplatten, dazu der Blick auf den See bietet das **€€ Salted Brick Bistro** (243 Bernard Ave, Tel. +1 778 484 32 34, saltedbrick.com).

UMGEBUNG
Die beiden hübschen Städtchen **Penticton** und **Naramata** am Okanagan Lake sind Zentren des Wein- und Obstanbaus. Im Sommer spielt sich alles am Okanagan Beach ab. Am Strand des Okanagan Lake liegt der Raddampfer SS Sicamous (1099 Lakeshore Dr., www.sssicamous.ca), bis 1935 im Dienst. Das **Penticton Museum** (785 Main St., www.pentictonmuseum.com, Di.–Sa. 10.00–17.00 Uhr) gibt Einblicke in das Leben der örtlichen First-Nation-Stämme.

INFORMATION
Tourism Kelowna, 544 Harvey Ave
Tel. +1 250 861 15 15
www.tourismkelowna.com

Tipp

Bannok probieren

„Schon mal Bannok probiert?" Sharon Bond reicht ein Stück über die Theke des Kekuli Cafés. Schmeckt wie eine Mischung aus Scone und Brot. Die First Nations nennen es „Aboriginal Staff of Life", Grundnahrungsmittel. Ob der Getreidemix vor der Besiedlung zum Leben der Natives gehört hat oder von schottischen Siedlern eingeführt wurde, ist unklar. Fakt ist: Bannok ist der perfekte Start in den Tag.

505-3041 Louie Dr., West Kelowna, Tel. +1 250 768 35 55, www.kekulicafe.com

4 Vernon

Landwirtschaft steht im Mittelpunkt des Ortes. Angler hoffen auf Petri Heil. Eine halbe Stunde nordöstlich lockt das Silver Star Mountain Resort mit Outdoorprogramm.

MUSEUM
Die **Historic O´Keefe Ranch** (9380 Hwy 97N., www.okeeferanch.ca, Mai–Sept. 10.00–17.00 Uhr) 12 km nordöstlich war die erste Siedlung im Okanagan Valley.

HOTEL
Swarovski-Kristalle lassen das **€€€€ Sparkling Hill Resort** (888 Sparkling Place, Tel. +1 250 541 21 56, www.sparklinghill.com) funkeln, das Spa mit Infinity-Pool und Blick über das Tal ist ein Erlebnis.

INFORMATION
Vernon Tourism, 3004 39th Ave
Tel. +1 250 542 14 15
www.tourismvernon.com

5 Nelson

Die pittoreske Stadt mit ihren viktorianischen Bauten und kleinen Galerien ist eine gute Basis für Touren in die Selkirk und Monashee Mountains.

MUSEUM
Ein Schwerpunkt des **Touchstones Nelson Museum of Art and History** (502 Vernon St., www.touchstonesnelson.ca, Mo.–Sa 10.00 bis 17.00, Do. bis 20.00, So. 10.00–16.00 Uhr) ist die Kultur der Kootenay.

UMGEBUNG
Die Täler des **Kootenay** und **Columbia River** sind Outdoor-Oasen mit großen Seen. Nördlich von Nelson erstreckt sich der **Kokanee Glacier Provincial Park**, dahinter ist **Kaslo** mit seinen viktorianischen Häusern ein beliebtes Ausflugsziel. Wo es während des Silberbooms 29 Hotels, 28 Saloons, eine Oper und 85 Freudenhäuser gab, ist heute die Geisterstadt **Sandon**. Eine Stunde nordwestlich fasziniert der **Valhalla Provincial Park** mit dichter Wildnis.

INFORMATION
Nelson Visitor Information Centre
91 Baker St., Tel. +1 250 352 34 33
www.discovernelson.com

Blue Rivers netter Dorfsee

6 Fort Steele

Das nach Sam Steele, Superintendent der North West Mounted Police (später RCMP), benannte Fort ist ein historisches Relikt aus den 1860er-Jahren.

SEHENSWERT
Fort Steele ist heute ein **Freilichtmuseum** mit aufwendigen „Living History"-Vorführungen im Fort Steele Provincial Historic Park (9851 Highway 93, www.fortsteele.ca, tgl. 10.00–16.00, Juni/Aug. 10.00–17.00 Uhr).

VERANSTALTUNG
Im 16 km südwestlich gelegenen **Cranbrook** erinnert man im Juni mit den Sam Steele Days (www.samsteeledays.org) an die Pionierzeit.

7 Yoho National Park

Mit 1300 km² ist er einer der kleinsten kanadischen Nationalparks – macht das aber durch atemberaubende Felswände, Wasserfälle und Gletscher wett. Wildwasser ist nicht weit.

SEHENSWERT
Der **Daly Glacier** füttert die 254 m hohen Takakkaw Falls, der kühle Sprühregen beim Näherkommen ist Gletscherwasser. Knapp 30 min entfernt verschlägt der türkisfarbene **Emerald Lake** jedem die Sprache. Die Natural Bridge führt über den **Kicking Horse River** TOPZIEL, der sich seinen Weg durch das uralte Gestein bahnt.

AKTIVITÄT
Hinter der Kicking Horse Canyon Bridge (30 Min. nördl. Field) beginnt das Wildwater-Raftingabenteuer auf dem **Kicking Horse River** mit der Glacier Rafting Company (www.glacierraft.com, Tel. +1 877 344 72 38).

INFORMATION
Visitor Centre, Trans-Canada Highway
Field, British Columbia V0A 1G0
Tel. +1 250 343 67 83
www.pc.gc.ca/en/pn-np/bc/yoho

8 Revelstoke

Das herrlich entspannte Städtchen ist geprägt von Livemusik und über 60 Gebäuden aus dem 19. Jahrhundert.

SEHENSWERT
Auf 0,5 km führt der **Giant Cedar Boardwalk** mitten in den dichten, uralten Zedernwald. Die Geschichte der Eisenbahn breitet das **Railway Museum** aus (719 Track St. W., www.railwaymuseum.com, Tel. +1 250 837 60 60) aus. Im Herzen des **Glacier National Park** befindet sich das frisch renovierte Rogers Pass Discovery Centre (www.pc.gc.ca/eng/lhn-nhs/bc/rogers/visit/visit2.aspx) mit Informationszentrum, Ausstellungen und einem Theater.

RESTAURANT / HOTEL
Auf der Außenterrasse des **€ € The Taco Club** (206 MacKenzie Ave, Tel. +1 250 837 09 88, www.thetacoclub.ca) lässt sich bei köstlichen Tacos und Cocktails gut „People Watching“ betreiben.
Die Zimmer des **€ € The Regent Hotel** (112–1st St. East, Tel. +1 250 837 21 07, www.regenthotel.ca) sind schlicht und gut. Restaurant und Pub werden abends zum Szenetreff.

INFORMATION
Visitor Center, 301 Victoria Road W
Revelstoke, British Columbia, V0E 2S0
Tel. +1 250 837 53 45
http://seerevelstoke.com

9 Mount Robson Provincial Park

Mount Robson TOPZIEL, mit 3954 m der höchste Berg der kanadischen Rocky Mountains, der Park selbst UNESCO- Weltnaturerbe – damit ist eigentlich schon alles gesagt.

AKTIVITÄTEN
Die Vielfalt an Wanderwegen ist groß, man kann angeln, wandern oder auch kajakfahren. Informationen über **Touren** wie dem einfachen **Kinney Lake Trail Hike** gibt es im Valemount Visitor Centre (785 Cranberry Lake Road, Tel. +1 250 566 98 93). Der kleine Ort **Valemount** mit seinen Cafés bietet einen netten Stopp.

UMGEBUNG
Wildnis pur im **Wells Gray Provincial Park** (www.env.gov.bc.ca/bcparks/explore/parkpgs/wells_gry/) mit seinen dunklen Tannenwäldern, den Cariboo Mountains und den Helmcken Falls. Die Guides von River Safari (6080 Mud Lake Road, Tel. +1 250 673 23 09, www.riversafari.com) im südlich gelegenen Ort **Blue River** wissen, wo die Grizzlies und Braunbären am liebsten aus dem Dickicht kommen.

INFORMATION
Visitor Center, Hwy 16, Valemount, BC V0E 2Z0, Tel. +1 250 566 40 38, www.env.gov.bc.ca/bcparks/explore/parkpgs/mt_robson/

Genießen Erleben Erfahren

DuMont Aktiv

Abfahrtsrausch auf zwei Rädern

Der Sog nach unten, mit vollem Karacho und ganz schön viel Abenteuerlust – auf den Mountainbike Strecken von Whistler und im Okanagan Valley verwandelt er sich zum gigantischen Abwärtsrausch. Das Terrain ist steil, wegen der Stege, Stämme und Gebüsche ist Konzentration gefordert.

3-2-1-los, die Räder rattern, der Fahrtwind wird stärker und das Glücksgefühl steigt. Der Del Boca Vista Trail hat zwar steile Abgänge, durch die langen Teile über Waldboden geht es aber im angenehmen Speed-and-Jump-Rhythmus voran. Egal welche Schwierigkeitsstufe: Mountainbiker finden in Whistler ihr gelobtes Land aus knallharten Abfahrten, heiklen Rutschpartien und engen Baumpassagen. Mit dem Lift geht es, das Rad im Schlepptau, nach oben in die Hänge. Alleine ist man selten auf dem Track, dafür ist der Whistler Mountain Bike Park mittlerweile einfach zu bekannt. Der A-Line ist als einer der Top-Tracks grandios. Und der Dirt Merchant hält, was er verspricht: riesigen Spaß, hohe Jumps und eine gute Portion Schlamm und Dreck an den Klamotten.

Durch weniger waldiges Gelände mit dafür besserem Rundumblick geht es bei den Routen im Okanagan Valley. Lohnend ist der Glenmore Trail im Knox Mountain Regional Park bei Kelowna, und dabei nicht weniger anspruchsvoll. Ausdauer und Kondition erfordert das insgesamt 40 km lange Trinity Ricardo Trail System bei Enderby. Und hier kann es durchaus passieren, dass man alleine unterwegs ist.

Weitere Informationen
Whistler: www.bike.whistlerblackcomb.com G1 neben dem Guest Relations-Office am Whistler Bike Park vermietet Räder und Ausstattung.
Vernon, Okanagan: www.mountainbikingbc.ca/thompson-okanagan/vernon
Kelowna, Okanagan: www.mountainbikingbc.ca/thompson-okanagan/kelowna

Der Helm sitzt, die Muskeln sind angespannt, der Adrenalinspiegel ist hoch. Der Blick auf den Trail zeigt ein Gewirr aus Schotter, Steinen und Wurzeln – los geht's!

Im Kraftfeld der Rockies

Ihretwegen kommt man nach Kanada: Die gewaltigen Rocky Mountains haben eine magische Anziehungskraft. In Alberta sind die Rockies allgegenwärtig, doch mit quirligen Städten wie Calgary und Edmonton hat die Provinz auch abseits der eindrucksvollen Bergwelt fotogene Ziele zu bieten.

Der Glacier Skywalk, ein 280 m hoher Steg aus Glas und Stahl im Jasper National Park, spannt sich über das Sunwapta Tal. Es ist Teil des Columbia Icefields in den Rockies.

Die Millionenstadt Calgary ist nicht Hauptstadt – das ist Edmonton – aber der kulturelle Mittelpunkt von Alberta.

Rechts: Ausblick auf Downtown vom 1968 errichteten Calgary Tower

Unten: Ein Rodeo-Ritt auf dem elektrischen Bullen gefällig? Dann in die Bar & Kitchen Ranchmann's!

Calgary profitiert vom großen Ölgeschäft. Das bringt Jobs und Geld für Kunst und Kultur.

Links: Straßenszene in Downtown. Rechts: „Wonderland", ein aus Draht gewebter zwölf Meter hoher Umriss eines Mädchenkopfes. Das Werk des spanischen Künstlers Juame Plensa schimmert nachts in sanft-gelbem Licht.

Fußgängerzonen in der Innenstadt, hier die 8th Ave SW, sorgen für abgasfreies Freizeitvergnügen.

An der „Beltline" entsteht eine neue Community mit netten Ausgehvierteln, mittendrin das Café Analog in der 17th Ave.

Der Ritt auf dem Bullen ist kurz. Der Fall ungalant. Der Aufprall sanft, immerhin. 51 Sekunden blinkt auf der roten Anzeige, für Level 4 soll das wohl ganz gut sein, zumindest nickt die umstehende Runde aus rotkarierten Hemden zustimmend. Der Nächste bitte. Aufsitzen, das Metallgestell mit breitem Bullenrücken beginnt zu schaukeln. Der weiße Cowboyhut landet als erstes auf der dick gepolsterten Matte, der Herr selbst ein paar Sekunden später: 1.03, das weckt den Kampfgeist. Willkommen in Calgary, „Cowtown", „Stampede City" oder schlichtweg „Cowboy Heaven". Bars wie das Ranchman's brummen dank Holz an den Wänden, Countrymusik und Linedance.

Der Mythos des Ranchers lebt auch im modernen Kanada. Außerhalb der gut 1-Millionen-Einwohner-Stadt gibt es immer noch Familienbetriebe, die in der Prärie Rinder und Pferde züchten. Die Mischung aus ländlichem Charme und Big-City-Groove macht Calgary speziell, doch man sollte sich nicht blenden lassen: Das Ölbusiness bestimmt immer noch die Geschäfte der Stadt, die mit einem überdurchschnittlich hohen Pro-Kopf-Einkommen glänzt. Bereits die Hochhausdichte von Downtown macht deutlich: Im Finanzviertel geben andere Bullen den Ton an. Das geschäftige Rush-Hour-Gewusel von Anzugträgern und Damen in Kostümen auf bedrohlich hohen Absätzen ist hier nicht weniger dicht als in anderen Metropolen. Dabei fing alles so bescheiden an.

Ein Hauch Redneck bleibt

Am Anfang, 1875, stand da ein Posten der heutigen RCMP, damals North West Mounted Police genannt. Alles wäre beschaulich geblieben, hätten nicht acht Jahre später Eisenbahnschienen für Mobilität gesorgt: Die Erzeugnisse der weitläufigen Weideflächen konnten nun befördert werden – neue Ankömmlinge entdeckten das lukrative Ranchleben als Rinderbarone. Unterschwelliges Proletentum und konservative Werte? Beides hält sich bis heute wacker im sonst sehr liberalen Calgary. Aber der eigentliche Hype folgte mit der zweibuchstabigen Entdeckung, die Alberta für immer veränderte: Öl. Mit der ersten Raffinerie 1923 floss das schwarze Gold, ähnlich rasant schwappte eine neue Bevölkerungswelle über die Gegend und machte Calgary zur Millionenmetropole inklusive Bauboom und Hochhauswahn.

Zum Glück ist nicht alles Stahl, Glas und Beton. Bunte Sommerfestivals und Public Art Projekte profitieren vom verhältnismäßig gut gefüllten Budget. Calgary ist längst der kulturelle Mittelpunkt von Alberta. Zudem vermachen immer wieder Ölmillionäre ihr Vermögen der Kunsterweiterung. Stararchitekt Santiago Calatrava verpasste 2012 der Stadt mit der knallroten Peace Bridge ein Statement. Und auch sonst heißt es „bigger is better": Das brandneue National Music Centre's Studio Bell, 2016 eröffnet, ist ein architektonisches Monument von Brad Cloepfil, das sich mit goldenem Schimmer über der Forth Street ausbreitet. Es gibt aber auch kleine, fast heimelige Nischen mit Kunst und Design junger Kreativer: Wie in einigen Ecken von Inglewood, Kensington und der 17th Avenue SW. Hier, an der sogenannten Beltline, entsteht eine neue, spannende

> In Calgary heißt es überall: „bigger is better".

Nachbarschaft mit Musikclubs, Bars, Restaurants und Cafés. Die gute Portion Calgary-Coolness und Espresso-Kultur to go sozusagen.

Das Geschäft mit der Eisenbahn

Die meisten Reisenden sind letztendlich doch auf dem Sprung in die wilde Natur und zu den großen Jungs, die sich hinter der Stadt mit wuchtiger Eleganz ausbreiten, die Rocky Mountains. Und natürlich den National Parks von Banff und Jasper, die mit ihren fast unwirklichen Ausblicken, Gletschern, Tälern und Wanderwegen jedes Outdoorherz schneller schlagen lassen. Das erkannte Eisenbahnkönig William van Horne bereits im 19. Jahrhundert. Ganz der weise Geschäftsmann, brachte er mit einer simplen Feststellung den Tourismus nach Alberta: „Da wir die Berge nicht zu den Menschen bringen können, müssen wir eben die Menschen zu den Bergen bringen." Gesagt, getan. Die Erschließung der gesamten Provinz und der nördlich angrenzenden Territorien begann. Horne war längst noch nicht fertig mit cleveren Ideen: 1887 gab er das Springs Hotel in Banff in Auftrag. Im gleichen Jahr war das Land drumherum zum ersten Nationalpark Kanadas erklärt worden. Unter anderem hatten Bauarbeiter beim Bau der Canadian Pacific Railway am Sulphur Mountain heiße Quellen entdeckt,

Die meisten Reisenden sind auf dem Sprung in die wilde Natur.

Horne wiederum war heiß auf die Finanzierung seiner Bahnstrecke durch Touristen – um Naturschutz ging es dem gebürtigen US-Amerikaner also bei weitem nicht.

Und er sollte Recht behalten: Die Massen kamen und strömen immer noch in den Banff National Park. Fünf Millionen sind es jährlich. Die Ausmaße lassen Naturschützer seit Jahren um Einschränkungen kämpfen. Mittlerweile darf kei-

Moraine Lake im Banff National Park (oben), in den Straßen von Banff (Mitte) und im Whyte Museum of the Canadian Rockies (unten)

Oben: Türkis schimmert im Banff National Park Peyto Lake, erreichbar über den Icefields Parkway. Diese 232 km lange Traumstraße verbindet Lake Louise mit Jasper und folgt dem Kamm der Rocky Mountains. Unten: Lake Louise gehört zu den meistbestaunten Naturschönheiten. Hotel Fairmont Chateau liegt unmittelbar am Ufer dieses Moränenstausees.

Rechts: Unmittelbar östlich an das Mount Robson Massiv grenzt der Jasper National Park. Ein beliebter Tagesausflug ab Jasper führt zum Maligne Lake. Dann weiter mit einem der Ausflugsboote zum Spirit Island.

Unten: Südlich an den Banff National Park schließt sich der Peter Lougheed Provincial Park im Kananaskis County an. Grizzlybegegnungen? Sind möglich!

Links: Im unendlich groß erscheinenden Nadelwald Kanadas hausen neben Bären und Wölfen auch Wapitihirsche, hier ein Prachtexemplar am Pyramid Lake im Jasper National Park.

Im Banff National Park können Mutige das Bergsteigergefühl auskosten, gut gesichert auf dem Via-Ferrata-Klettersteig.

ner der Parks mehr für kommerzielle Nutzung freigegeben werden, die Einwohnerzahl von Banff-Stadt wurde auf 10 000 begrenzt. Im Ort herrscht zu jeder Jahreszeit Touristen-Schulterreiben, kein Wunder bei dieser Traumlage und den vielen spektakulären Naturwundern wie dem spiegelglatten Moraine Lake im Tal der zehn Gipfel, der wilden Schlucht des Johnston Canyon und dem unendlich viel fotografierten Lake Louise. Der türkis schimmernde Peyto Lake wird jedem die Sprache verschlagen, ebenso wie Albertas schönste Route, der 231 Kilometer lange Icefields Parkway, der von Banff nach Jasper führt, Topziel mit Gänsehautgarantie.

Die Bärendichte ist hoch

Wer die etwas unbenutzteren Routen einschlagen will: Canmore ist ein entspannter Wintersport-Ort und Wander-Walhalla. Das Canmore Nordic Centre ist ein Überbleibsel der Olympischen Winterspiele von 1988. Und auch Radfahrer finden hier ihr hügeliges Mekka: Durch den Ort geht alljährlich die Rocky Mountain Challenge, bei der knallharte Mountainbiker, schlammverdreckt und selig grinsend, ihr Können (und Durchhaltevermögen) beweisen. Auf kurvigen Schotterstraßen geht es vorbei an dichten Wäldern und Aussichtspunkten auf das Bow Tal durch die unberührte Natur – mit großer Wahrscheinlichkeit trifft man hier früher oder später auf Braunbären und bisweilen auf Grizzlies.

Und es geht noch leerer: Der Waterton Lakes National Park, 270 km südlich von Calgary an der Südweststrecke Albertas wurde vom Highway sowie Mr. Hornes Eisenbahnbau missachtet, was ihm heute zum Geheimtipp macht. Mit 525 km² ist er zwar der kleinste Nationalpark der kanadischen Rockies – doch wer kann schon dem bildhaften Namen „Land of shining mountains“ widerstehen? So bezeichneten die First Nations die steilen Spitzen dieser Bergwelt. Und tatsächlich: Im Licht des Sonnenuntergangs liegt ein goldener Schimmer auf den Steilhängen. Oder man fährt auf unendlich wirkenden Straßen wie dem Mackenzie Highway in den hohen Norden, wo die Temperaturen immer etwas kühler und die Aussichten immer etwas intensiver sind. Man darf sich auf langes Sitzen im Auto, aber auch auf eine grandiose Wildnis wie im Nahanni National Park gefasst machen. 600 Kilometer Naturrausch? Alberta macht es möglich. Die Northwest Territories geben den Begriffen Weite und Faszination ohnehin ganz neue Dimensionen. Das gelingt der Provinz immer genau dann, wenn man denkt, das „echte Kanada“ erkundet zu haben. Grizzly gesehen? Elche fotografiert? Mit beständiger Sicherheit taucht trotzdem bald ein neues Naturspektakel auf – wie die Victoria Falls, die zwar nicht so breit, aber dafür doppelt so hoch sind wie die Niagara-Fälle.

Ein Hoch auf die Büffel

„Get the taste of Alberta“, steht auf dem Schild vor einer kleinen Autobahnraststätte. Es duftet deftig. „Bison Burger“, sagt der ältere Herr mit rot-weiß-gestreifter Schürze im besten Sechzigerjahre-Diner-Stil und streckt den Daumen nach oben. Das fertige Gericht mit Brötchen, Tomaten und Salat schmeckt erstklassig, sehr intensiv und aromatisch, kein bisschen trocken oder zäh. Im Land des „Moose“, wie die herrschaftlichen Elche hier genannt werden, grasen heute vor allem Rinder auf den Ranches, doch auch die Büffelzucht ist noch beliebt. Die höchste Wahrscheinlichkeit, Büffel und Elche zu sehen, bietet Elk Island, Kanadas einziger eingezäunter Nationalpark mit einer besonders hohen Dichte an grasfressenden Säugetieren.

Stadt der Entrepreneure

Die Rivalität zwischen Calgary und Edmonton, den beiden Ölstädten, ist legendär. Sie besteht, seit Alberta 1905 Kanada beitrat. Kurz darauf wurde das

Pelzhandel hat Edmonton entstehen lassen, der Goldrausch am Klondike machte dann aus dem winzigen Nest eine Metropole. Heute ist Edmonton Albertas Hauptstadt. Mit den bunt beleuchteten Fontänen bildet das Parlamentsgebäude auch nachts einen Eyecatcher.

Edmontons Dienstleistungsindustrie treibt kreative Blüten: stylische Adressen sind die „Duchess Backery“, das „Corso 32“ und die Rockabilly Boutique Mars & Venus (Foto).

Herz von Downtown ist der Sir Winston Churchill Square mit der Art Gallery of Alberta. Stararchitekt Randall Stout kreierte das Äußere, drinnen wird moderne kanadische Kunst gezeigt.

Edmonton steht oft im Schatten des quirligen Calgary. Warum eigentlich? Coole Bars gibt's hier wie dort zuhauf.

Auch die Künstlerszene fühlt sich hier zuhause. Peter Robertson betreibt in der 124th Street eine Kunstgalerie.

Special

Urgeschichte

Willkommen in Dinopark

Der Gedanke an Jurassic Park ist naheliegend, sobald man in Drumheller ankommt: Dinosaurier überall. Doch keine Angst, hier, im Nordosten von Calgary herrscht kein futuristisches Schaulaufen der Giganten: Stattdessen stehen meterhohe Versionen von Dino, T. Rex und Co aus Fiberglas, Kunststoff und Stahl am Wegesrand.

Der Tyrannosaurus Rex beispielsweise überragt mit seinen 25 Metern Höhe alles in Drumheller – über 106 Stufen geht es zur Plattform im Sauriermaul. Oder lieber gleich die Fossilien im Drumheller Valley Interpretative Centre und in dem grandiosen Royal Tyrell Museum bestaunen (www.tyrellmuseum.com)?

Das prähistorische Leben wird hier durch riesige Dino-Skelette und Ausgrabungsfunde lebendig. Der Dinosaurier-Trail am Highway 838 führt auf einer Strecke von über 56 km durch die surreale Mondlandschaft der Bandlands mit ihren skurrilen Felsformationen. 1884 entdeckte Joseph Burr Tyrrell, Sohn irischer Einwanderer und passionierter Geologe, in der Gegend von Drumheller Kohlevorkommen – und eben Dinosaurierfossilien. Die hatten in der Kreidezeit das Red Deer River Valley bevölkert. Heute kann man Wissenschaftlern beim Ausgraben und Präparieren der fossilen Überreste über die Schultern schauen.

Saurier im Royal Tyrell Museum

1795 als Handelsposten gegründete Edmonton Hauptstadt, sehr zum Unmut des schon damals größeren Calgary: Mit Stampede und Rocky-Mountain-Lage sei man definitiv die Spaßkapitale der Provinz, im Gegensatz zu „Deadmonton" wie ein britischer Journalist die Stadt 2001 bei den Leichtathletik-Weltmeisterschaften bezeichnet hatte. Dabei ist die Ölstadt, wenn auch nicht ganz so quirlig wie Calgary, durchaus kein Ort von Stubenhockern. Gemeinhin als Festival-City bekannt, jagt ein Open-Air-Fest das nächste. Streetdancer vor dem Parlament gehören zum Stadtbild. Und mit 2300 Sonnenstunden im Jahr ist Albertas Hauptstadt eine der sonnigsten, wenn auch nicht gerade wärmsten, Metropolen des Landes. An den langen Tagen im Juni ist es von 5.30 bis 22 Uhr taghell. Kein Wunder also, dass alles radelt, skatet oder joggt, und das am liebsten die Glenora Stairs über dem River Valley auf und ab: 202 Stufen für Hartgesottene.

Wer es ruhiger mag, schlendert in Old Strathcona oder entlang Whyte Avenue von einer Boutique zum nächsten Café und entdeckt die kleinen Juwelen der Stadt. Junge Kreative und Start-Ups werden gefördert, mutige Ideen haben hier Potential und entladen sich in spannenden Projekten. Edmonton, die Stadt der Entrepreneure.

COWBOY-KLEIDUNG

Prärie-Fashion aus Calgary

Cowboy-Stimmung überall: In Calgary werden nicht nur während der Stampede Stiefel, Hut und dicke Gürtelschnalle getragen – auch abends führt so manch einer seine lässige Rodeo-Gala-Uniform spazieren. In Calgary produzieren Manufakturen, zu denen auch die Rodeo-Helden gehen, „White Hats" und Cowboy-Boots.

Sieht schon ganz gut aus: Cowboy-Styling beim Ausritt am South Saskatchewan River

Die ziehst du nie wieder aus", verspricht Ben Gerwig beim Anprobieren der neuen Cowboy-Boots. Dann kommt der Haken: „sobald du sie eingetragen hast." Der „break-in" so fester neuer Lederstiefel, lerne ich, kann sich hinziehen. Dann sitzen sie aber perfekt – für immer. Man infiziert sich schnell mit dem Cowboy-Fieber in Calgary und so ziemlich jeder empfiehlt für das perfekte Paar Stiefel die Traditionsmanufaktur der Stadt: Ben Gerwigs Alberta Boot Company.

Schuhe nicht nur für Helden

6000 Stiefel hat der große Laden zur Auswahl, aber wem die Idee vom ganz eigenen, handgefertigten Paar im Kopf herumschwirrt – das ist die Spezialität des Familienunternehmens. Am besten Zeit (oder bereits genau abgemessene Maße) mitbringen. In langen Gesprächen muss zunächst der Stil – spitz? rund? hoch? nur bis zum Knöchel? – beratschlagt werden, dann geht es weiter mit Lederfarbe, -dicke, -musterung, -härte und was es sonst noch alles gibt, um diesen einen Stiefel so persönlich wie möglich zu machen. Am Ende wird Maß genommen und dann – muss man erstmal warten. Ein paar Tage dauert die Fertigstellung, immerhin werden die Boots von Hand gefertigt.

1963 zog Clement F. Gerwing, Pilot für das British Commonwealth im Zweiten Weltkrieg, mit seiner Frau und sechs Kindern von Saskatchewan nach Calgary, um ein eigenes Geschäft zu gründen. 1968 öffneten die Türen als Verkaufsladen mit kanadischen, mexikanischen und amerikanischen Stiefeln. 1978 werden die ersten eigenen Boots in der Alberta Boot Company angefertigt. Seitdem wird, mit Ben Gerwing nun in dritter Generation, geschnitten, genagelt und letztendlich anprobiert. Und man ist in guter Gesellschaft: Selbst die Royal Canadian Mounted Police ordert hier ihr Schuhwerk, Stars und Sternchen – und natürlich auch die Rodeo-Helden der Stampede.

Zehn Tag Rodeo

Jeden Juli wird die Metropole zum Cowboy-Epizentrum. Rodeofan oder nicht: Man sollte sich das zehntä-

In der Manufaktur Smithbilt Hats in Calgary werden die Cowboyhüte mit Hilfe von traditonellen Pressen und Dampf in die optimale Form gebracht.

Pause mit Hut auf der La Reata Ranch. Fürs korrekte, handgemachte Schuhwerk sorgt die Alberta Boots Company (unten).

gige Spektakel nicht entgehen lassen. Zwar muss man Hotels weit im Voraus buchen, wird aber mit einem Dauerfest aus guter Laune, Pferdeshows, Konzerten und vor allem viel Country-Fashion zum Anschauen belohnt. Denn auch die Stars der Rodeoszene haben ihre Trends, Hits und Flops, was die Kleidung angeht. Mal sind karierte Hemden in, dann wieder Westen und Fransen, der Schmuck ändert sich. Für den unerfahrenen Countrylaien sind das kaum sichtbare Kleinigkeiten. Für die echten Rodeofanatiker aber genau das Gegenteil.

Die Sache mit dem White Hat

Und dann ist da noch der Hut. Der offizielle „White Hat" wird traditionell von Smithbilt angefertigt. 1919 von Morris Schumiatcher mit 300 Dollar gegründet, wurden zunächst Hüte aller Art im Laden angefertigt, dann kam 1946 der erste Western-Hut.

Die Legende des „White Hats" entstand im Jahre 1947, als die Familie des Ölmagnaten Bill Herron mit weißen Hüten von Smithbilt bei der Stampede auftauchte, die perfekt zum restlichen Outfit, den Satteln und Halftern passten. Nachdem die Herrons den 1. Platz als „Bestes Outfit" bekamen, war der Trend für die Stampede 1948 gesetzt, bei der so ziemlich jeder weiß trug. Die Tradition, einen „White Hat" als Gastgeschenk zu bekommen, kreierte indes Calgarys früherer Bürgermeister Don MacKay, als er 1950 mit einer Gruppe Stampeders nach Toronto reiste und die weißen Hüte bei den Ostkanadiern Begeisterungsstürme auslösten. Als Dank für die Gastfreundschaft überreichte MacKay seinen Smithbilt an Torontos Bürgermeister – ein Trend war geboren.

Ein Hut fürs Leben

Bis heute wird bei Smithbilt von Hand produziert, und das mit den Originalmaschinen, die Morris Schumiatcher in den Anfangstagen einsetzte. Wer sich einen Smithbilt schneidern lassen will, kann zwischen Filz und Wolle wählen – und dann natürlich aus unterschiedlichen Farben. Der Hutstoff kommt auf einen der hundert klassischen Hutblöcke, der Form und Größe bestimmt. Mit Dampf und Druck wird dann gepresst. Für den typischen Smithbilt-Stil geht es auf einen hydraulischen Block; später werden die Details von Hand abgenäht. Produktionszeit: mindestens eine Woche. Haltbarkeitszeit: ein Leben lang, verspricht das Unternehmen.

Und ganz nebenbei bekommt man noch ein paar weise Tipps mit auf den Weg: Falls Whiskey über den Smithbilt gekippt wird: sofort abwaschen und mit dem Finger trockenbürsten. Damit der Hut nie aus der Form kommt: auch beim Schlafen tragen.

Informationen

Alberta Boots Company
#50–50th Ave SE Calgary
Tel. +1 403 263 46 2, albertaboot.com

Smithbilt Hats
1103–12 St. S.E., Tel. +1 403 244 91 31
www.smithbilthats.com

Cowboy-Fashion ist ein Markt für Kenner. Die wüssten sofort, was ein echter „White Hat" ist.

Maßstab 1:10.500.000
0
200 km
C. Kellet
Sachs Harbour
Banks I.
762
Prince Albert Pen.
Victoria
Island
Herschel I.
Mackenzie Bay
Ivvavik Nat. P.
British Mts.
Vuntut Nat. P.
Old Crow
Richards I.
Mackenzie Delta
Tuktoyaktuk
Liverpool Bay
Eskimo Lakes
C. Dalhousie
C. Bathurst
C. Lambton
Amundsen Gulf
Franklin Bay
C. Parry
Paulatuk
Melville Hills
884
Tuktut Nogait Nat. Park
Ulukhaktok
Diamond Jenness Pen.
Pr. Albert Sound
Cape Baring
Wollaston Pen.
Dolphin and Union Strait
Bluenose Lake
Inuvik
Sitidgi L.
Richardson Mts.
1574
Fort McPherson
Anderson Riv.
Horton Riv.
Peel River Game Res.
Peel Riv.
Arctic Red Riv.
Lac Maunoir
Lac des Bois
Fort Good Hope
Norman Wells
Coppermine
Coronation Gulf
Duke of York Arch.
Bathurst Inlet
Kent Pen.
Dease Str.
Cambridge Bay
Jenny Lind I.
Queen Maud Gulf
Gateshead I.
M'Clintock Channel
Collinson Pen.
Victoria Str.
King William I.
Gjoa Haven
Boothia Peninsula
Gulf of Boothia
Spence Bay
Boothia Isthmus
Rasmussen Basin
Adelaide Pen.
Sherman Basin
Chantrey Inlet
Arctic Circle
Back R.
MacAlpine L.
Garry L.
Nunavut
Hood Riv.
Takiyuak Lake
Contwoyto Lake
Barren Grounds
Aberdeen L.
Baker Lake
Dease Arm
Smith Arm
Great Bear Lake
Keith Arm
McVicar Arm
Coppermine Riv.
Hottah L.
Point L.
Lac de Gras
MacKay L.
Aylmer L.
Back R.
Thelon Riv.
Dubawnt L.
Yathkyed L.
Yukon Plateau
Keno City
Selwyn Mts.
Mackenzie Mountains
Franklin Mts.
Mackenzie R.
Keele Riv.
2352
2972
Keele Peak
1577
Wrigley
Keller L.
Northwest Territories
Lac la Martre
Pelly Riv.
Nááts'ihch'oh Nat. Park
Sth. Nahanni Riv.
Nahanni Nat. Park
Ross River
Tungsten
Logan Mts.
Pelly Mts.
Yukon
Teslin Riv.
Whitehorse
Liard Plateau
Fort Simpson
Horn Plateau
838
Yellowknife
North Arm
McLeod Bay
Christie Bay
Reliance
Great Slave Lake
Fort Providence
Fort Resolution
Nonacho L.
Wholdaia Lake
Ennadai L.
Kasba
Nueltin Lake
Dubawnt Riv.
Kazan Riv.
Atlin Lake
Watson Lake
Trout L.
Liard Riv.
Fort Liard
Hay River
Slave Riv.
Taltson Riv.
Tathlina L.
Bistcho L.
Fort Smith
Uranium City
Fond-du-Lac
L. Athabasca
Black L.
Wollaston L.
Manitoba
Stikine
Cassiar Mts.
Muncho Lake Prov. P.
Petitot Riv.
Fort Nelson Riv.
Hay Riv.
Wood Buffalo Nat. Park
Caribou Mts.
1036
Dease Lake
Ft. Nelson
High Level
Peace Riv.
Fort Chipewyan
Chipewyan Ind. Res.
3136
Stikine R.
2911
Kwadacha Wilderness Prov. P.
Rainbow Lake
L. Claire
Plateau
Skeena Mts.
Ware
Finlay Riv.
Omineca Mts.
Wabasca Riv.
Birch Mts.
Athabasca Riv.
Cree L.
Key Like Mine
Kinoosao
Reindeer Lake
Lynn Lake
Revillagigedo I.
Ketchikan
Nass Riv.
'Ksan Indian Village
Fort Saint John
Clear Hs.
Peace Riv.
Fort McMurray
La Loche
Southend
Canada
Peace River
Dawson Creek
Williston Lake
Peter Pond L. Ind. Res.
Peter Pond L.
Churchill Riv.
Sandy Lake
Prince Rupert
Skeena Riv.
New Hazelton
Babine L.
Takla L.
British
Grande Prairie
Lesser Slave Lake
Primrose Air Weapons Ra.
Beauval
Lac la Ronge
La Ronge
Flin Flon
Terrace
Kitimat
Pitt I.
Fraser
Stuart Basin
Vanderhoof
Slave Lake
Athabasca
Athabasca R.
Alberta
Saskatchewan
Beaver Riv.
Hudson Bay
Banks I.
Hecate Strait
Princess Royal I.
Nechako Plateau
Prince George
Knewstubb
3274
Smoky Riv.
Fraser R.
Edson
Mt. Robson 3954
Jasper
Jasper National Park
EDMONTON
N. Saskatchewan Riv.
Saskatchewan R.
Prince Albert
North Battleford
Lloydminster
Battle Riv.
Wetaskiwin
823
Queen Charlotte Sound
Bella Coola
Cariboo Mts.
Quesnel
Fraser Plateau
Wells Gray Prov. Park
Williams Lake
Columbia Mountains
Monashee Mts.
Red Deer
Saskatoon
Quill L.
Assiniboine Riv.
Calvert I.
Mt. Waddington 4042
Hanna
Yoho Nat. P.
Red Deer Riv.
Drumheller
Yorkton
C. Scott
Port Hardy
Queen Charlotte Str.
Pacific Ranges
Columbia
Chilko L.
Revelstoke
Columbia R.
Purcell Mts.
Banff Nat. P.
3618
CALGARY
Dinosaur Prov. Park
C.F.B. Suffield
S. Saskatchewan R.
Qu'Appelle Riv.
Regina
Moose
Vancouver
Campbell Riv.
Powell River
Garibaldi
Kamloops
Okanagan L.
Head-Smashed-in Buffalo Jump
Bow Riv.
Medicine Hat
Swift Current
Weyburn
Nootka I.
Island
2201
Merritt
Kelowna
Lethbridge
1466
Cypress Hills
Grasslands Nat. P.
Portal
VANCOUVER
Surrey
Hope
Cranbrook
Blood Ind. Res.
Ft. Peck Ind. Res.
Port Alberni
Victoria
Okanagan Riv.
Trail
Kootenay R.
Waterton Glacier Int'l Peace P.
3194
Blackfeet Ind. Res.
Milk Riv.
Havre
Williston
C. Flattery
Olympic Nat. P.
North Cascades Nat. P.
Frankl. D. Roosevelt
Colville Ind. Res.
Columbia R.
United States
Lewis Range
Ft. Belknap Ind. Res.
Glasgow
Th. Roosevelt N.P.
Missouri Riv.
Fort Peck L.
Glendive
2424
SEATTLE
Washington
Spokane
Kalispell
Flathead L.
Flathead Ind. Res.
Great Falls
Montana
Tacoma
Mt. Rainier 4392
Aberdeen
Olympia
Moses Lake
Coeur d'Alene
Missoula
2661
Miles City
1
2
3
4
5
6
7

Cowboy-Feeling und Rocky-Panorama

Große Städte, winzige Orte, viel gutes Essen und eine Naturvielfalt, die von Gletschern über wüstenhafte Täler bis zu Tundra geht. Ach ja, und die Rockies sind natürlich allgegenwärtig. Ganz egal, ob man sich in der Cowboy-Kultur, der Kunstszene oder allein in der Natur wohler fühlt, Alberta findet für jeden etwas.

1 Calgary

Hier vereint sich die Prärie mit den hoch aufragenden Rocky Mountains. Die größte Stadt Albertas (1,2 Mio. Einw.) wird vom Ölbusiness bestimmt. Versicherungsgesellschaften und Investmentunternehmen machen Downtown mit aufstrebenden Wolkenkratzern zum geschäftigen Mittelpunkt. 1988 wurden in Calgary die Olympischen Winterspiele abgehalten.

SEHENSWERT

191 Meter geht es nach oben auf den **Calgary Tower** (101 9 Avenue SW, www.calgarytower.com, tgl. Sept.–Juni 9.00–21.00, Juli–Aug. 9.00 bis 22.00 Uhr) zum besten Ausblick auf Stadt und Rockies. Für Mutige: 2005 wurde ein Stück Glasboden installiert. Juame Plensas **„Wonderland"-Skulptur** (110 6 Ave SE) vor dem Bow Tower ist ein schöner Kontrast zur Skyline-Szenerie von Downtown. Über die rote **Peace Bridge** von Santiago Calatrava können Fußgänger und Radfahrer seit 2012 den Bow River überqueren.

MUSEEN

Musikfreunde werden im brandneuen **National Music Centre's Studio Bell** (850 4 St. SE, www.studiobell.ca, Mi.–So. 10.00–17.00 Uhr) ihre Freude haben. Es lockt mit Ausstellungen, Konzerten und einer Canadian Music Hall of Fame. Auch von außen ein architektonisches Kunstwerk.
Das **Glenbow Museum** (130 9th Ave SE., www.glenbow.org, Di.–Sa. 9.00 –17.00, So. 12.00–17.00 Uhr) schlägt eine Brücke zwischen Vergangenheit und Moderne.

RESTAURANTS / HOTEL

Die Rodeo-Legende lebt! Wer sie sucht, wird bei **€ € Ranchmans** (9615 Macleod Trail SE, Tel. +1 403 253 11 00, www.ranchmans.com) inklusive Line-Dancing, Stampete-Trophäen und Pferdesätteln als Dekor fündig.
Mitten im Herzen der vibrierenden Downtown fügt sich das schicke **€ € Hotel Arts** (119 - 12th Avenue SW, Tel. +1 403 266 46 11, www.hotelarts.ca) wie eine kleine Oase mit viel Holz, Kunst und zwei Restaurants mit Asian-Fusion ein.

Calgary: Peace Bridge (o.l.), moderne Kunst am Bow Valley Square (o.r.). Dinos im Royal Tyrell Museum in Drumheller (u.)

AKTIVITÄTEN

Im berühmten **Saddledome** (555 Saddledome Rise SE, www.scotiabanksaddledome.com) wird Eishockey gespielt. Am westlichen Stadtrand ist der **Olympic Park** (88 Canada Olympic Rd SW, www.winsport.ca) bei warmem Wetter eine Spielwiese für Skateboarder und Mountainbiker, im Winter für Snowboarder.

INFORMATIONEN

Tourism Calgary, 200, 238-11 Ave S.E.
Calgary, AB, T2G 0X8, Tel. +1 403 263-8510
www.visitcalgary.com

2 Drumheller

Kanadas „Saurierhauptstadt" liegt im Tal des Red Deer River. Die Prärie ist eine dank Erdöl und Erdgas ressourcenreiche Gegend.

SEHENSWERT

Alles rund um die Dinos und um Fossilien vermittelt das unweit nordwestl. der Stadt gelegene **Royal Tyrell Museum** (Mai–Aug. 9.00 bis 21.00, Okt. bis April 10.00–17.00 Uhr, tyrrellmuseum.com). In den Badlands haben die Elemente skurrile Erdpyramiden geschaffen, die „Hoodoos". Der 60 km lange **Hoodoo Drive** ist eine Mischung aus Mondlandschaft und Filmkulisse.

INFORMATION

60 1st Ave W, Drumheller AB, T0J 0Y0
Tel. +1 403 823 1331
www.traveldrumheller.com

3 Banff National Park

Ausgangspunkt für die Erkundung des Banff National Park, Kanadas ältesten Nationalpark (1885), ist das gleichnamige Städtchen – Banff ist der meistbesuchte Ort in den Rockies.

MUSEEN
Das **Buffalo Nations Luxon Museum** veranschaulicht die schwierigen Zeiten, aber auch das handwerkliche Können der First Nations (1 Birch Ave, www.buffalonationsmuseum.com, tgl., Mai–Sept. 10.00–19.00, Okt.–April 11.00 bis 17.00 Uhr). Spannend ist das **Whyte Museum of the Canadian Rockies** (111 Bear St., www.whyte.org, tgl. 10.00–17.00 Uhr), das die Geschichte und Kultur der Rockies aufrollt.

AKTIVITÄTEN
Wer dem Trubel entfliehen möchte, kann mit der **Banff Gondola** (www.brewster.ca) über den Bow River schweben. Dank der Thermalquellen wird neben Sport auch Wellness großgeschrieben (s. Favoriten S. 21). Ein Adrenalinkick ist der 2014 eröffnete **Glacier Skywalk** TOPZIEL (Icefields Pkwy, Banff, www.brewster.ca/attractions-sightseeing/glacier-skywalk, tgl. April, Okt. 10.00–16.00, Mai bis 17.00, Juni bis 18.00, Juli/Aug. bis 19.00, Sept. bis 17.30 Uhr). Die Glasplattform erhebt sich 280 Meter über dem Tal, ragt 35 Meter über die Klippen heraus und bietet einen unvergesslichen Ausblick.

RESTAURANT / HOTEL
Edles Kanada-Feeling in gemütlichen Holzhütten mit eigenem Kamin bietet die **€ € € Buffalo Mountain Lodge** (700 Tunnel Mountain Rd, Banff, Tel. +1 403 410 74 17, crmr.com/buffalo). Zum Resort gehört auch das Cilantro, ein Spitzenrestaurant.

UMGEBUNG
Lake Louise, 51 km entfernt, ist ähnlich überlaufen, aber pittoresk durch seine Berg-See-lage. Im Winter lässt man sich per Pferdekutsche um den gefrorenen See kutschieren. Herrliche Ruhe verbreitet das Valley of the Ten Peaks – die Bergspitzen umrahmen den **Moraine Lake**. Einen Trip lohnen die Wintersportorte **Canmore** und **Kananaskis**, weitaus weniger touristisch. Hier begegnet man auf den kurvigen Schotterstraßen oft Bären und Elchen. Von Lake Louise führt der spektakuläre **Icefields Parkway** TOPZIEL nordwärts nach Jasper. Auf der über 200 km langen Straße reihen sich die Naturhighlights, die man sich von jeder Kanadareise erträumt, darunter einer der schönsten Seen Albertas, der **Peyto Lake** (für die besten Fotos am Parkplatz nach oben wandern). Aber auch **Bow Lake, Mistaya Canyon, Mount Athabasca, Athabasca Glacier, Columbia Icefield** sorgen für Begeisterung.

INFORMATION
Banff Visitor Centre, 224 Banff Ave
Tel. +1 403 762 84 21
www.banfflakelouise.co

4 Jasper National Park

Hier scheint alles noch ein bisschen wilder, spektakulärer: es locken Gipfel wie der Edith Cavell (3363 m), gewaltige Gletscher und Schneefelder wie das **Columbia Icefield**,

Der Icefields Parkway: Traumstraße zwischen Lake Louise und Jasper

Schluchten wie den Maligne Canyon, Wasserfälle wie die **Sunwapta Falls** und Bergseen.

SEHENSWERT
Jasper ist das touristische Zentrum. Die Jasper Tramway tuckert hinauf auf den **Whistler Mountain** (2470 m). Über den wilden Maligne Canyon geht es nördlich vom Ort zum **Maligne Lake**, wo kleine Ausflugsboote zum Spirit Island (Info im Visitor Centre) ablegen.

MUSEUM
Das **Jasper-Yellowhead Museum & Archives** (400 Bonhomme St., www.jaspermuseum.org, Juni–Sept. tgl. 10.00–17.00, Okt.–Mai Do. bis So. 10.00–17.00 Uhr) nimmt auf eine kleine Reise in die Vergangenheit mit.

AKTIVITÄTEN
Der **Pyramid Lake** ist herrlich für Bootsfahrten. Wesentlich wilder geht es beim **Rafting** auf dem Sunwapta und dem Maligne River zu. Vor allem Bergwanderer, Mountainbiker, Reitfreunde und Alpinskiläufer können im Marmot Basin ein gut 1000 km langes **Trailnetz** nutzen. Bei der Jasper Lodge treffen sich Golfspieler und auch Angler finden hier ihr Paradies.

INFORMATION
Jasper National Park Information Centre
500 Connaught Dr., Tel. +1 780 852 62 36
www.pc.gc.ca/en/pn-np/ab/jasper

5 Edmonton

Vom Rest Kanadas oft stiefmütterlich behandelt, hat Albertas Hauptstadt als „Gateway to the North" eine wichtige Rolle beim Aufblühen des Nordwestens gespielt. Heute bringen Start-ups frische Energie in Stadt und Szene.

SEHENSWERT
Am Flussufer stechen die Glaspyramiden des **Muttart Conservatory** (9626 96a St. NW, tgl. 10.00–17.00, Do. bis 21.00 Uhr) ins Auge. Das historische Viertel **Old Strathcona** ist ein bunter Mix aus Alt und Neu. Junge Designer, Künstler und Restauranteure haben die Nachbarschaft zur It-Gegend gemacht. **Whyte Avenue** ist die Ausgehmeile für Nachteulen.

MUSEEN
Die Zeit des 19. Jh.s lässt das Freilichtmuseum **Fort Edmonton Park** aufleben (7000 143 St., www.fortedmontonpark.ca). Die **Peter Robertson Gallery** (12323 104 Ave NW, www.probertsongallery.com, Di.–Fr. 11.00–17.00, Sa. 10.00–17.00 Uhr) ist bekannt für eine spannende Mischung aus jungen und gestandenen Künstlern. Witzige Farbkleckse im Stadtbild sind die Schilder des **Neon Sign Museums** (104 St NW). Im weißen Beaux- Art-Gebäude des **Parlaments** (10800 97 Ave NW, www.assembly.ab.ca) werden tgl. Führungen angebo-

Tipp

Streetcar mit Ausblick

Knallgrün und putzig klein tuckert die High Level Bridge Streetcar über die angehobene Bahntrasse. Auf Edmontons ältester Straßenbahnstrecke, die von 1908 bis 1951 regulär genutzt wurde, ist ein netter Ausflug mit Blick über den North Saskatchewan River möglich. Edmonton Radial Railway Society ließ etliche alte Wagons restaurieren. Zwischen Mai und Oktober pendeln sie nun von der Alberta Arts Barn (Gateway Boulevard) bis Jasper Plaza (109 Street).

www.edmonton-radial-railway.ab.ca

ten. Im Glas-, Granit- und Stahlbau der **Art Gallery of Alberta** (2 Sir Winston Churchill Square, www.youraga.ca, Di./Fr. 11.00–17.00, Sa./So. 10.00–17.00, Mi./Do. 11.00–20.00 Uhr) des Architekten Randall Stout sind über 6000 historische und moderne Kunstwerke untergebracht. Das neue Gebäude des **Royal Alberta Museum** mit Schwerpunkt Natur und Geschichte (12845 102 Ave, www.royalalbertamu seum.ca) wird 2018 eröffnet.

EINKAUFEN

Kleine Reise in die 50er gefällig? In der **Rockabilly Boutique Mars & Venus** (10328 82 Avenue, Tel. +1 780 4 34 04 67) finden sich die dazu passenden Petticoats, Taschen und auffallende Sonnenbrillen.

UMGEBUNG

30 Min. östlich der Stadt liegt der **Elk Island Park** (www.pc.gc.ca/eng/pn-np/ab/elkisland/index.aspx, Tel. +1 780 9 22 57 90) mit seinen dichten Wäldern, Lichtungen und Scharen an Elchen, Büffeln sowie jeder Menge Nager.

INFORMATION

Edmonton Tourism, 9990 Jasper Ave
Tel. +1 780 4 01 76 96
www.exploreedmonton.com

6 Nahanni National Park

Tiefste kanadische Wildnis breitet sich auf den 4800 km² des seit 1978 zum UNESCO-Weltnaturerbe ernannten Parks aus. Beeindruckender Kontrast zu den aufragenden Mackenzie Mountains sind die Virginia Falls, deren Wassermassen aus knapp 100 m in die Tiefe fallen. Kanuten und Wildwasserfahrer schätzen den Nahanni River für spektakuläre Touren.

INFORMATION

Nahanni National Park, Fort Smith
Tel. +1 867 695 7750
www.pc.gc.ca/pn-np/nt/nahanni/index.aspx

7 Yellowknife

Hier ist der Polarkreis fast greifbar, wenn auch noch gut 400 km entfernt. Das Zentrum der Northwest Territories am Great Slave Lake erblühte durch den Goldrausch und verbreitet heute historischen Charme.

SEHENSWERT

Das **Prince of Wales Northern Heritage Centre** informiert über die Stadtgeschichte und den Stamm der Dene (tgl. 10.30–17.00 Uhr, www. pwnhc.ca).

INFORMATION

Northern Frontier Visitors Centre
Tel. +1 867 873 42 62
4807 49 St, Yellowknife, visityellowknife.com

Genießen Erleben Erfahren

DuMont Aktiv

Rollende Erkundungen

Edmonton hat viele Parks und weit verteilte Nachbarschaften – das alles rollend zu erkunden, macht Sinn. Per Segway tuckert man gemütlich durch die Stadt.

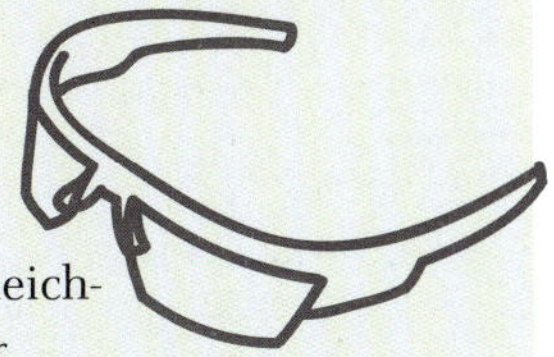

Ein bisschen wackelig ist es zunächst. Immerhin steht man auf einem kleinen Podest, das sich bewegt. Sobald die beiden dicken Räder rollen, ist das mit dem Gleichgewicht so eine Sache. Per Segway durch Edmonton – der etwas andere Weg, die Stadt zu erkunden, verspricht die River Valley Adventure Tour. Sobald man den Dreh einmal heraus hat, ist es lustig und vor allem bequem. Nach ein paar Testversuchen rund um das Tourbüro rollt die kleine Gruppe wie eine Entenschar hinter Guide Chloe her, in Richtung River Valley, einen Teil des Trans Canada Trails, der weltweit längsten Fernwanderstrecke, sagt Chloe.

Langsam rollen wir durch die Chinesischen Gärten und dann in Richtung der Bäume des Henrietta Muir-Edwards Parks. Die Bäume sind zum Glück weit genug auseinander – wobei man mit ein paar Stundenkilometer auch nicht gerade außer Rand und Band gerät. Laut Chloe kann das Gefährt ganze 20 km/h hinlegen, den Übermut hat dann doch keiner in der Gruppe der Segway-Fahranfänger. Chloe erzählt aus der Stadtgeschichte und vom frühen Pelzhandel. Dann geht es Richtung Innenstadt, nun kann man auf die regulären Straßen losgelassen werden. Keine Bange vor Unsicherheiten: Wo in anderen Städten Passanten genervt reagiert hätten, entschuldigen sie sich hier für die Beinahekollisionen, das ist herrlich nett kanadisch.

Weitere Informationen

Die Tour wird 60 oder 90 Min. angeboten, in größeren Gruppen oder als Privaterkundung mit einem Guide. Neben den Segways bekommt man auch Helme. Warme Kleidung mitnehmen, der Wind kann frisch sein.

River Valley Adventure Toure Co.
Louise McKinney Park
9735 Grierson Hill
Tel. +1 780 995 73 47
www.rivervalleyadventure.com

Man könnte auch laufen, aber fahren ist viel bequemer. Auch wenn es ungewohnt aussieht: Segwayfahren ist gar nicht schwer.

OPEN
EXIT

Der Sog des Nordens

Yukon ist durchzogen von Kontrasten: Land der Mitternachtssonne, der rauen Wildnis mit reißenden Flussläufen, eleganten Gletscherwelten und schier endlosen Routen hinauf in den Norden, wo die Gier nach Gold Land und Leute geprägt hat.

Yukons Größe erschließt sich von oben erst so richtig, etwa bei einem Flug über die eisigen Gletscherwelten des Kluane National Park.

Auf dem Alaska Highway: Das Pedal durchdrücken und immer gen Norden. Weite Strecken, einsame Straßen, gigantische Landschaft.

Die Tankanzeige sollte man dringend im Blick behalten. Bei Pannen ist Geduld gefragt, bis auf der spärlich befahrenen Route jemand vorbeikommt.

Auf dem Alaska Highway zwischen Whitehorse und Haines Junction: In dieser Wildnis leben Bären und Elche. Aufpassen, sie kreuzen ab und zu die Fahrbahn.

In Dawson Creek beginnt der Alaska Highway, führt durch die kanadischen Provinzen British Columbia und Yukon und endet nach 2288 Kilometern in Delta Junction/Alaska. Hier die Szenerie bei Haines Junction.

Es ist drei Uhr früh und Jim spielt noch ein Lied. Die Finger des Althippie gleiten über die Gitarrensaiten, um ihn herum wird „Hotel California" angestimmt. Nein, das hier ist nicht San Francisco in den 1970ern, sondern überraschenderweise Dawson City, die einstige Goldstadt hoch im Norden. Man sitzt singend auf dem für das Städtchen typischen „Boardwalk". Im Sommer sind die Nächte lau, im Winter würde zur gleichen Zeit bei minus 40 °C ein Schicksal wie im Jack-London-Roman warten. Der kleine Pulk an bunt gemischten Bohemians, Künstlern und Backpackern ist typisch für dieses „last frontier"-Städtchen. Die „letzte Grenze" klingt für viele genau richtig, um die weite Reise auf sich zu nehmen. Immerhin warten hier im Norden krasse Gegensätze, brutale Rauheit und unzähmbare Wildnis, Bodenschätze und karge Einöden, faszinierende Geschichten und seltsame Charaktere. Die Magie wirkt bis heute auf Touristen, aber auch Aussteiger und Eigenbrödler, die sich in der Einsamkeit verlieren und wiederfinden möchten.

Das wusste bereits Jack London, der sich, vom „Ruf des Goldes" getrieben, durch etliche Strapazen quälte und 1897 ein Jahr lang im Henderson Creek vergeblich nach Reichtum suchte. Auch wenn der Autor keinen einzigen Nugget mit nach Hause nahm, schuf er aus den gewonnenen Eindrücken seine erfolgreichsten Werke wie „Ruf der Wildnis" oder „Wolfsblut". Andere verließen die für einen Sommer berühmteste Stadt Nordamerikas mit völlig leeren Händen.

Der Goldrausch

Am 16. August 1896 fanden George Carmack und seine Freunde in einem Nebenarm des Klondike Gold für eine Handvoll Dollar, damals ein Vermögen. Kurze Zeit später schürften 100 Digger am Bonanza Creek, kehrten mit Goldsäcken beladen nach Seattle und San Francisco zurück und lösten bei ihrer Ankunft eine Lawine aus. Hunderttau-

In Dawson City wird immer noch mit Gold das meiste Geld verdient, aber heute sind es Minengesellschaften, die mit Bulldozern graben und in aufwendigen Prozeduren durch Bohren und Waschen das begehrte Metall gewinnen. Den Lockruf des Goldes vernimmt man vor Ort aber immer noch.

Unten: Goldschmied Andrew Kuczynski von den Gold Trail Jewellers in Dawson City verarbeitet Nuggets.

Oben und links: Die alte Goldgräberstadt besinnt sich langsam auch auf den Tourismus. Ist ja kein Problem, die Fassaden der historischen Altstadt von Dawson City sind absolut authentisch. Im Museum kann jeder selbst sein Glück beim Goldwaschen versuchen.

Dawson City. Nach dem ersten Goldfund am Klondike stürmten Glücksritter aus der ganzen Welt den bis dahin winzigen Ort.

Special

Diamond Tooth Gertie's

Hoch das Bein!

Zu Zeiten des Goldrauschs eroberte der Cancan die Saloons.

Ein bisschen Kitsch darf sein: Am Abend wird in der Diamond Tooth Gertie's Gambling Hall das Tanzbein geschwungen – nicht vom Publikum, sondern den hübschen Cancan-Tänzerinnen auf der Bühne. In einer Stadt wie Dawson City, die von der Vergangenheit lebt und die Goldrauschzeiten zelebriert, dürfen hochgeworfene Röcke, Federboas und ein paar neckische Klapse auf die Oberschenkel nicht fehlen. Gertie´s ist auch ein Spielkasino mit Pokertischen und allerhand Spielautomaten, die sind aber dezent in versteckte Ecken verbannt. Die meisten kommen für die Show: Drei Mal am Abend verwandelt sich der große Saal in einen wilden Saloon, durch den Abend führt Gertie selbst, in wallendem Kleid wie gerade eben aus einem aufwendigen Wildwest-Epos entstiegen (1001 Fourth Ave, Shows 20.30, 22.00, 0.00 Uhr, Mai–Sept.).

sende „Stampeders" ließen alles stehen und liegen. Die Reise hinauf in den Norden führte über eisige Pässe und endete für viele gewaltsam bei der Überquerung des unberechenbaren Yukon. Andre gaben in der Heimat alles auf, um dann nach langem Suchen mit ein bisschen wertlosem Goldstaub dazustehen. 1899 war der Spuk vorbei. Der leicht zu schürfende Reichtum war weg, ein paar Glückliche hatten ihn abgesahnt.

Noch heute sieht man die katastrophalen Auswirkungen jener fieberhaften Suche nach Wohlstand. Das Umland von Dawson ist eine hässliche Mondlandschaft. Mächtige Maschinen verunstalten heute, was an freiem Terrain noch übrig ist: Gold wird jetzt maschinell gewonnen. Ansonsten ist da noch der Tourismus. Den musste die Stadt erst einmal entdecken. Denn was in alten Zeiten im hastigen Goldrausch so schnell aus dem Boden gestampft wurde und den illustren Titel „Paris des Nordens" erhielt, versank ab 1988 mitsamt seinen 40 000 Einwohnern, den Hotels, Saloons, Theatern und Bordellen im jahrzehntelangen Dornröschenschlaf.

Dawson City wacht auf

Wachgeküsst wurde Dawson City eher unsanft: 2004 war der Ort bankrott. Mit territorialen Zuschüssen wurde langsam

Von Whitehorse aus starten Touristen in den hohen Norden. Das gemütliche Städtchen ist seit 1953 Hauptstadt des Yukon Territory.

Vor dem Baked Café genießen Locals wie Touristen die Sonne.

Wo nicht einmal 0,1 Einwohner pro Quadratkilometer wohnen, muss Whitehorse geradezu wie eine Großstadt wirken.

Blick übers Tintina Trench Valley am Klondike Highway. Der Klondike Highway verbindet Dawson, Whitehorse und Skagway in Alaska und gibt ebenfalls einen überwältigenden Eindruck von der enormen Größe des Landes: Kanadas nordwestlichstes Territorium Yukon ist größer als ganz Spanien.

renoviert, was noch zu renovieren war. Nachgebaut wird bis heute nur im alten Stil. Der Trip in die Vergangenheit funktioniert, mit allerhand Kitsch und abendlichen Saloonshows bei Diamond Tooth Gertie´s (s. Special S. 93).

Vor allem im verhältnismäßig heißen Sommer kommen mit jedem Jahr mehr Neugierige, um in der Nostalgie zu schwelgen. Oder um sich abzuseilen. Denn so manch einer bleibt. „Hier fragt dich keiner, was du vorher gemacht hast“, sagt Mark aus Texas, dessen Oberarme mit Tattoos übersät sind und der gerade ein etwas schräges „Imagine“ anstimmt, bevor sich die kleine Gruppe gegen 4 Uhr, es wird nördlich-früh bereits hell, in alle Richtungen zerstreut. Wieder andere träumen immer noch den Traum und leihen sich an den „Claims“ sogenannte Schürfpfannen aus. Und fragt man im Ort, dann kennt jeder jemanden, der jemanden kennt, dessen Bekannter einen Brocken gefunden hat. Wahrheit oder Lebende – der Mythos lebt weiter.

Auf dem Alaska Highway

Apropos Mythos: der Alaska Highway ist so einer. Welcher Kanadareisende träumt nicht davon, die unendliche Weite zwischen Dawson Creek im Nordosten von Britisch Columbia bis nach Fairbanks in Alaska abzufahren. Und ja, er ist lang. Und breit. Und überwältigend. Aber eben vor allem lang. Die Frequenzen des Radioprogramms spinnen des Öfteren, und wer kein Satellitenradio im Auto hat, sollte also an CDs, Hörspiele oder einen plapperfreudigen Mitfahrer denken – irgendetwas, das wach hält. Und an ausreichend Benzin. Denn kanadische Weite bedeutet auch wenig Tankstellen, kaum andere Fahrzeuge. Es kann gut passieren, dass stundenlang keine Seele kommt.

Die pittoreske Yukonrundfahrt startet bei Whitehorse: Auf dem Alaska Highway tuckert man durch Haines Junction in Richtung Teslin Junction in Alaska. Über insgesamt 1400 km geht es nach Dawson City und per Klondike Highway endet man wieder im – nach all der Einsamkeit plötzlich turbulent wirkenden – Whitehorse. Wer zwischendurch nicht genug bekommt von der Weite, der sollte auf den Dempster Highway abbiegen. Nach der Reise darf man damit angeben, den Polarkreis überquert zu haben.

Whitehorse: überschaubar und nett

Auch wenn sie die Hauptstadt von Yukon ist und fast 28 000 Einwohner zählt, ist der erste Gang über die beiden Hauptachsen Fourth und Main Street in Whitehorse schnell getan. Doch dann quatscht man sich fest. Im Baked Café beispielsweise. Naomi fragt nicht nur nach dem Kaffeewunsch, sondern auch gleich nach Ziel und Plänen und wie man die Stadt denn so findet. Viele junge Leute seien in den vergangenen Jahren hierhergezogen, sagt Naomi, was man an kleinen Galerien, Cafés und Restaurants erkennt. Am nächsten Tag auf der Main Street nickt man den „alten Bekannten“ vom Vorabend freundlich zu. Whitehorse macht es einem sehr leicht, sich wohlzufühlen.

So mancher bleibt. „Hier fragt dich keiner, was du vorher gemacht hast.“

Waghalsige Outdoor-Trends

Höher, weiter, atemberaubender!

Wer einen Adrenalinkick mit Aussicht sucht, ist im Westen Kanadas mit seiner dramatischen Naturvielfalt bestens aufgehoben und kann sich von einem höchsten Punkt zum nächsten hangeln – oder mit Geschwindigkeit aus der Höhe ins Tal rauschen. Das alles immer mit Bilderbuchpanorama.

1 Ziplining in Whistler

Heidenspaß für Schwindelfreie: festgezurrt mit Gurt, auf dem Kopf ein Helm, die Beine hängen im Freien – es fühlt sich ein bisschen wie Fliegen an. Der Trip nach unten ins Tal von Whistler ist nicht zu schnell und führt hinweg über tiefgrüne Baumwipfel und die eifrigen Skifahrer an den Hängen. Wer länger durch die Luft gleiten will, sollte die Tour „The Sasquatch" wählen. Sie erstreckt sich über sagenhafte 2 km.

Whistler
Tel. +1 866 935 00 01
www.ziptrek.com

2 Wildwasserrafting in Yukon

Kanadas Westen ist berühmt-berüchtigt für seine reißenden Flüsse und wilden Strömungen. Der Tatshenshini River im Kluane National Park hat so ziemlich alle Stufen in petto, vom ruhigen Plätschern über aufregende Strudel bis zu wilden Stellen, an denen das ganze Boot baden geht. Das wiederum macht man besser in den ausleihbaren Wet-Suits – das Wasser ist kalt. Mit Helm und Paddel ausgestattet wird es einem im knallblauen Gefährt während des mehrstündigen Abenteuers wieder schnell warm. Da die Sonne brennt, die Sonnencreme nicht vergessen! Die erfahrenen Guides treiben die Mannschaft im Boot an, führen selbst kleine Stunts vor, machen ausgiebige Fotostopps und versorgen die hungrige Meute mit einem deftigen Picknick mit tollen Sandwiches, frischem Gemüse und Kaffee oder Tee. Die Crew lädt dann einige Fotostrecken von der wilden Wasserfahrt auf Facebook in ein Album, ein nettes Andenken an das Abenteuer.

Tatshenshini River Rafting, Yukon
Tel. +1 867 633 27 42
www.tatshenshiniyukon.com

3 Zodiac-Fahrt in Vancouver

In knallrote wind- und wasserfeste Anzüge gepackt, pfeift einem Vancouvers Brise im schnellen Zodiac doch ganz schön um die Ohren. Der Thrill des rasanten gelben Motorbootes ist, dass sich die Spitze immer etwas nach oben neigt und die Kurven scharf sind. Gibt der Kapitän Gas, hüpft das Gefährt in rhythmischem Auf und Ab übers Wasser. Gepaart mit der vorbeirauschenden Skyline hat das etwas Futuristisches und ist definitiv die abenteuerliche Variante der altbekannten Stadtrundfahrt. Außerdem lernt man die Stadt von ihrer Wasser-Seite kennen, die Berge heben sich im Hintergrund in den Himmel, davor schimmern die Skyscraper – das volle Postkartenpanorama. Und dank Kopfhörer und pfiffigem Guide bekommt man trotz der Geschwindigkeit einiges von Geschichte, Persönlichkeiten und Architektur der Metropole mit. Vom Vancouver Inner Harbour geht es zum Burrard Inlet (wer Glück hat, sieht hier sogar Otter im Wasser) und weiter bis Stanley Park – das alles bei recht zügigen 55 km/h.

1601 Bayshore Drive
Vancouver
Tel. +1 604 633 64 13
www.seavancouver.com

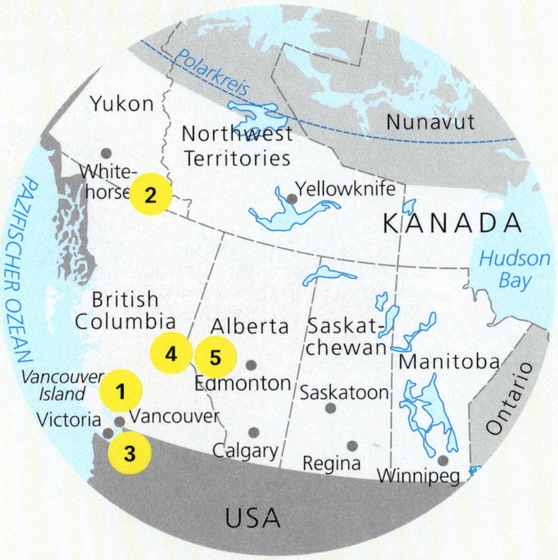

4 Mit dem Motorrad durch die Rockies

Im Auto gemütlich durch die Rocky Mountains zu kurven ist eine Sache – den Trip auf dem Motorrad zu machen, steigert das Erlebnis noch beachtlich. Hinter jeder Kurve wartet ein neuer Aha-Moment. Legendäre Routen wie der Alaska Highway berauschen durch ihre schier unendliche Weite und eine faszinierende Einsamkeit. Einsame Wölfe gleiten alleine durch die Szenerie, wer Anschluss sucht, schließt sich einer Gruppe an: Im Pulk dreht man tagsüber seine Runden, abends tauscht man sich gemeinsam bei Bier und Burger über die Erlebnisse aus. Wer sich einen Traum erfüllen will, aber nicht mit dem eigenen Bike in Kanada ist: Man kann die Maschinen auch ausleihen. Oder gleich einen Fahrer engagieren und als Beifahrer das Panorama, vorbei an Seen und Felsmassiv, genießen.

610 Patricia St., Jasper
Tel. +1 780 931 61 00
www.jaspermotorcycletours.com

5 Traum vom Bergsteigen auf der Via Ferrata

Schon immer Bergsteigerträume gehegt, aber noch keine Viertausender bestiegen? Via Ferrata ist ein Kompromiss. Ausgestattet im vollen Mountaineer-Look geht es über atemberaubende Routen auf den Berg – abgesichert mit Stahlseilen, begleitet von einem erfahrenen Guide. Anfänger können zwischen 2,5 und vier Stunden wählen, wer länger kraxeln möchte, kann auch Touren von fünf oder sechs Stunden machen. An den steilen Bergwänden sind die Pfade eng: Feste Schuhe sind ebenso zu empfehlen wie lange Hose und eine windfeste Jacke und Handschuhe. Helme und den Rest der Ausrüstung bekommt man gestellt. Und man sollte einigermaßen schwindelfrei sein, denn so manche Stelle lässt trotz Absicherung den Magen Achterbahn fahren. Immerhin geht es stellenweise auf 2235 m Höhe. Beim Klettern über Leitern und eine 30 m lange Suspension Bridge wird beispielsweise die Höhenangst getestet. Aber der Adrenalinkick und der unglaubliche Ausblick ist alles wert.

Mount Norquay
Jasper
Tel. +1 403 760 77 03
www.winter.banffnorquay.com

Barrow
Pt. Barrow
North Slope
Prudhoe Bay
Brooks Range
Endicott Mts.
Philip Smith Mts.
Davidson Mts.
Mt. Michelson
2816
Arctic National Wildlife Refuge
Gates of the Arctic Nat. P.
Wiseman
2682
Allakaket
Alaska
(U.S.)
Yukon Flats Nat. Wildlife Refuge
Fort Yukon
Circle
White Mts.
Fairbanks
Denali Nat. Park
Denali (Mt. McKinley) 6168
Delta Junction
Tanana Riv.
Eagle
4216
Tok
Talkeetna Mts.
2697
Glennallen
4947
Wrangell-St. Elias Nat. P.
Wrangell Mts.
Mc Carthy
5029
Palmer
4016
Anchorage
Valdez
Chugach Mountains
3274
Pr. William Sound
Seward
Montague I.
Bering Glacier
Mt. Logan 5959
C. Saint Elias
Kayak I.
2509
Malaspina Glacier
Yakutat
Mt. Fairweather 4669
Gulf of Alaska
Glacier Bay Nat. P.
Haines
Skagway
Juneau
Chichagof I.
Admiralty I.
Alexander Archipelago
Baranof I.
Sitka
Kupreanof I.
Petersburg
Prince of Wales I.
Revillagigedo I.
Ketchikan
Dall I.
4297
Dixon Entrance
Graham I.
Haida
Queen Charlotte City
1250
Haida Gwaii (Queen Charlotte Is.)
44
Moresby I.
Gwaii Haanas Nat. P. Res.
Anthony I.
C. St. James
Hecate Strait
Queen Charlotte Sound
Banks I.
4572
790
Herschel I.
Ivvavik Nat. P.
Vuntut Nat. P.
Old Crow
British Mts.
Richardson Mts.
1574
Mackenzie Bay
Richards I.
Mackenzie Delta
Tuktoyaktuk
Eskimo Lakes
Inuvik
Fort McPherson
Peel River Game Res.
Peel Riv.
Arctic Red Riv.
Ogilvie Mts.
2362
Dawson
Klondike
Yukon Plateau
Keno City
Stewart Riv.
Minto
Dawson Ra.
Pelly Riv.
Selwyn Mts.
Mackenzie Mountains
2972
Keele Peak
Nááts'ihch'oh Nat. Park
Ross River
Tungsten
Kluane
Haines Junction
Kluane Nat. Park
Whitehorse
Teslin Riv.
Pelly Mts.
Logan Mts.
Nahanni Nat. Park
Liard Plateau
Watson Lake
Atlin Lake
Cassiar Mts.
Stikine
Dease Lake
Liard Riv.
Muncho Lake Prov. P.
Rocky Mountains
Coast Mountains
Stikine R.
3136
Plateau
Skeena Mts.
Stewart
Indian Village
New Hazelton
Babine L.
Terrace
Prince Rupert
Kitimat
Pitt I.
Princess Royal I.
Bella Coola
Calvert I.
Mt. Waddington 4042
Pacific Ranges
Omineca Mts.
Ware
Kwadacha Wilderness Prov. P.
2911
Williston Lake
Takla L.
Fraser Basin
Stuart L.
Vanderhoof
Nechako Plateau
Prince George
Knewstubb L.
Fraser Plateau
Quesnel
Cariboo Mts.
Barkerville
Wells Gray Prov. Park
Williams Lake
Columbia Mountains
Monashee Mts.
British Columbia
Mt. Robson 3954
3274
Jasper
Jasper National Park
Edson
Revelstoke
Kamloops
Okanagan L.
Merritt
Kelowna
Chilko L.
Port Hardy
Queen Charlotte Str.
Vancouver Island
Campbell Riv.
2201
Powell River
Garibaldi
Nootka I.
Port Alberni
Str. of Georgia
Vancouver
Surrey
Hope
Victoria
Juan de Fuca Str.
C. Flattery
Olympic Nat. P.
2424
Seattle
North Cascades Nat. P.
Trail
Spokane
Washington
Moses
Banks Island
Sachs Harbour
C. Kellet
762
C. Lambton
Amundsen Gulf
Prince Albert Pen.
Victoria Island
Diamond Jenness Pen.
Ulukhaktok
Pr. Albert Sound
Cape Baring
Wollaston Pen.
C. Bathurst
C. Dalhousie
C. Parry
Darnley B.
Franklin Bay
Paulatuk
Melville Hills
884
Tuktut Nogait Nat. Park
Hornaday Riv.
Anderson Riv.
Dolphin and Union Strait
Duke of York Arch.
Coronation Gulf
Bathurst Inlet
Kent Pen.
Dease Str.
Bluenose Lake
Coppermine
Coppermine Riv.
Hood Riv.
Lac Maunoir
Lac des Bois
Takiyuak Lake
Contwoyto Lake
Fort Good Hope
Franklin Mts.
Dease Arm
Smith Arm
Great Bear Lake
Keith Arm
McVicar Arm
Hottah L.
Point L.
Lac de Gras
MacKay L.
Norman Wells
Mackenzie R.
2352
Keele Riv.
Northwest Territories
Wrigley
1577
Keller L.
Lac la Martre
Yellowknife
North Arm
Great Slave Lake
Horn Plateau
838
Fort Providence
Fort Resolution
Fort Simpson
Hay River
Trout L.
Fort Liard
Tathlina L.
Bistcho L.
Petitot Riv.
Fort Nelson Riv.
Ft. Nelson
Caribou Mts.
1036
Wood Buffalo Nat. P.
Hay Riv.
Rainbow Lake
High Level
Peace Riv.
Wabasca Riv.
Alberta
Clear Hs.
Peace River
Fort Saint John
Dawson Creek
Grande Prairie
Slave Lake
Smoky Riv.
Fraser R.
Maßstab 1:10.500.000
0
200 km

Vom Goldrausch getrieben – der raue Norden

Einsamkeit pur – so stellt man sich Kanada vor. Und genau das bietet der Norden des Landes. Es kann gut passieren, dass man auf den langen Strecken am Yellowhead Highway oder dem Alaska Highway keiner Menschenseele begegnet. Die Entfernungen sind immens, aber mit dem Auto ist alles machbar.

1 Bella Coola

Heute endet in Bella Coola der 454 km lange Highway 20 – auch als Alexander MacKenzie Highway bekannt. Nachfahren des Nuxalk-Stamms leben noch heute in der Fjordlandschaft, Ende des 18 Jhs. hatten sich zudem norwegische Auswanderer in der fischreichen Gegend niedergelassen. Eine Fähre geht von hier nach Port Hardy auf Vancouver Island.

AKTIVITÄTEN

Das Leben hier und auch die Freizeit dreht sich ums Wasser: **Whalewatching, Angeln** und **Seekajak-Touren** sind besonders beliebt. Im Juli findet seit 1998 jährlich das **Bella Coola Music Festival** mit Rock, Folk, Blues und Native Bands statt.

UMGEBUNG

Nur mit dem Boot erreichbar ist der **Sir Alexander Mackenzie Provincial Park** nördlich am Dean Channel gelegen. Hier gibt es auch einige Siedlungen der First Nations. Ca eine Stunde entfernt breitet sich der weitläufige **Tweedsmuir Provincial Park** aus, der die wildreiche Region schützt.

INFORMATION

Bella Coola Valley Tourism
450 MacKenzie St., Tel. +1 250 799 52 02
www.bellacoola.ca

2 Barkerville

Die einstige Boomtown in den Cariboo Mountains präsentiert sich heute als Goldgräber-Freilichtmuseum.

SEHENSWERT

Der Besuch der **Barkerville Historic Town** (14301 Barkerville Hwy 26, www.barkerville.ca, tgl. ab 8.00 Uhr, Okt.–Mai eingeschränktes Programm) mit ihren hübschen, tipptopp renovierten Bauten gleicht einer Reise mit der Zeitmaschine. Das ganze Jahr über kann man das harte Leben der Goldgräber hautnah erleben und nachspielen oder auch eine Runde mit der Postkutsche drehen.

VERANSTALTUNGEN

In Quesnel finden im Juli traditionell die **Billy Barker Days** (www.billybarkerdays.ca) statt, die an den Cariboo-Goldrausch erinnern.

UMGEBUNG

Kajakfans und Kanuten finden im **Bowron Lake Provincial Park** ein Paradies mit einem dichten Netz an Seen und Flüssen.

INFORMATION

Barkerville Historic Town, 14301 Hwy 26 E.
Tel. +1 888 994 33 32
www.barkerville.ca

3 Prince George

Das „Northern Capital" von British Columbia ist auf den ersten Blick wenig schön, dafür aber eine wichtige Verkehrsachse und das Wirtschaftszentrum – und das bereits seit 1807, als hier ein Handelsposten gegründet wurde. Der Eisenbahnanschluss 1908 zementierte die Wichtigkeit des Ortes.

SEHENSWERT

Im **Lheidli T'enneh Memorial Park** (17th Ave, www.tourismpg.com/activities/lheidli-tenneh-memorial-park) ist der 1807 errichtete Stützpunkt nachgebaut. Die Stadt ist heute bekannt für ihre Universität mit Fokus auf First Nations, dem eigenen Symphonieorchester und einer hohen Dichte an Galerien und Künstlerstudios.

MUSEUM

Musealer Mittelpunkt der Stadt ist der Museumskomplex **Exploration Place** (333 Becott Place, www.theexplorationplace.com, tgl. 9.00 bis 17.00 Uhr), gelegen auf dem Gelände einer alten Fortanlage. Die First Nations Gallery der Anlage zeigt die Kultur der Dakelh. Die **Native Art Gallery** (1600 3rd Ave, Tel. +1 250 614 77 26) ist auf indigenes Kunsthandwerk spezialisiert.

AKTIVITÄTEN

Über 1600 Seen und Flüsse befinden sich im Umkreis von einer Autostunde: Angler, Wassersportler, aber auch Wanderfans können sich rund um Prince George austoben.

Keine Gelegenheit zum Tanken auslassen! Alaska Highway bei Haines Junction.

INFORMATION

Prince George Visitor Info Centre
Tel. +1 250 562 37 00, www.tourismpg.com

4 Skeena Valley

Der Skeena ist die Lebensader der rauen Landschaft. Die Tsimshian und Gitxsan lebten, fischten und handelten lange vor den Farmer- und Goldgräberzeiten am fischreichen Fluss. Heute schlängeln sich die Eisenbahn und der Yellowhead Highway durch das Tal.

SEHENSWERT

Das Freilichtmuseum ´Ksan Historical Village (1450 Ksan Rd, Hazelton, www.ksan.org, tgl. 10.00–17.00 Uhr) bei Hazelton wurde 1950 als Nachbildung eines First-Nation-Dorfes angelegt. Der Gitxsan-Stamm lebt seit Tausenden von Jahren in dieser Gegend und ist bekannt für seine kunstvollen Masken, Totems und Alltagsgegenstände. Stammesältere geben heute auf dem Gelände das traditionsreiche Handwerk an die jungen Generationen weiter. Die **Fort Kitwanga National Historic Site** (Kitwanga North Road, www.pc.gc.ca/eng/lhn-nhs/bc/gitwangak/index.aspx, Tel. +1 250 599 88 18) schützt eine alte Festung der Gitiksan. Nördlich stehen die ältesten **Totempfähle** der Region, darunter der fast 150 Jahre alte „Hole in the Sky Pole". Von Kitwanga hat man den schönsten Blick auf **Seven Sisters Mountains** (3000 m).

INFORMATION
Hazelton Area Tourist Information Centre
Churchill Rd, Tel. +1 250 842 60 71
www.hazeltonstourism.ca

5 Prince Rupert

Der zweitwichtigste kanadische Pazifikhafen (13 000 Ew.) liegt malerisch inmitten der Fjordlandschaft und ist ein Ausgangspunkt für die Haida Gwaii Inseln und Alaska.

SEHENSWERT
Im **Museum of Northern British Columbia** (100 1st Ave W, www.museumofnorthernbc.com, Tel. +1 250 624 32 07) werden im traditionellen Longhouse Tsimshian-Tänze und -Lieder vorgeführt. Spannend sind auch die archäologischen Touren.

RESTAURANT
An meterlangen Holztischen sitzt es sich gemütlich im **€ Wheelhouse Brewing Co.** (217 1st Ave East, Tel. +1 250 624 27 39, www.wheelhousebrewing.com). Bei einem West Coast Ale kommt man schnell mit den Locals ins Gespräch.
In der **€ Charley's Lounge** (222 1 Avenue West, Tel. +1 250 624 67 71, www.cresthotel.bc.ca) gibt es „Fancy Pub Food" mit schönem Ausblick. Zum Restaurant gehört das Crest Hotel Prince Rupert.

INFORMATION
Visitor Services, 200–215 Cowbay Road
Tel. +1 250 624 56 37
www.visitprincerupert.com

6 Haida Gwaii

Rund 100 km trennt die Inseln, auch **Queen Charlotte Islands** genannt, vom Festland. Unberührt von der letzten Eiszeit, herrscht hier ein für Kanada ungewöhnliches und vielseitiges Ökosystem.

SEHENSWERT
Auf **Moresby Island** gibt es eine große Auswahl an Aktivitäten mit Regenwäldern, Fischerhäfen, Galerien und Totempfählen sowie dem **Gwaii Haanas National Park Reserve** (www.pc.gc.ca/eng/pn-np/bc/gwaiihaanas/index.aspx, Tel. +1 250 599 88 18). Das Kunsthandwerk des Haida-Stammes ist außergewöhnlich und enorm detailorientiert.

INFORMATION
Haida Gwaii Visitor Information Centre
3220 Wharf Way, Skeena-Queen Charlotte
Tel. +1 250 559 83 16
www.queencharlottevisitorcentre.com

7 Watson Lake

Der Verkehrsknotenpunkt ist ideal für einen Zwischenstopp während der Reise auf dem **Alaska Highway** TOPZIEL.

SEHENSWERT
Die Attraktion der Gegend ist der **Sign Post Forest** (Mile 635, Alaska Hwy) mit seinen über 72 000 Schildern. Wer will, kann seine eigene Plakette im Schilderwald anbringen. Angefangen hat alles 1942 mit einem von Heimweh nach Danville, Illinois, geplagten GI.

INFORMATIONEN
Watson Lake Information Centre
710 Adela Trail, Tel. +1 867 536 80 00
www.watsonlake.ca/visitors/visitors-interpretive-center

8 Whitehorse

Die Hauptstadt des Yukon-Territorium besitzt einen charmanten Innenstadtkern mit historischen Häusern, Bars und Cafés.

SEHENSWERT
Zur Mittagszeit sitzen viele Einheimische am **Flussufer** des Yukon. Der Streifen parallel zur **Front Street** ist mit Picknicktischen und einem Holzpodest für Sommerfeste angelegt. Entspannung findet man in den **Tahiki Hot Springs** (s. Favoriten S. 21)

MUSEEN
Das **MacBride Museum of Yukon History** TOPZIEL (1124 Front St., www.macbridemuseum.com, Sept.–14. Mai Di.–Sa. 10.00–16.00, 15. Mai–Aug. tgl. 9.30–17.30 Uhr) erzählt die Stadtgeschichte anhand vieler traditioneller Kunsthandwerke und oft wechselnden Spezialausstellungen. Die 64 m lange **SS Klondike** (10 Robert Service Way, www.pc.gc.ca/eng/lhn-nhs/yt/klondike/index.aspx), der letzte von einst 200 Raddampfern auf dem Yukon, liegt als Museum aufgedockt in Gehnähe der Robert Campbell Bridge. Wie einst im Hohen Norden Entfernungen bezwungen wurden, zeigt das **Yukon Transportation Museum** (30 Electra Crescent, www.goytm.ca, Sept.–April So./Mo. 12.00–17.00, Di.–Sa. nach Anmeldung, Mai bis Aug. Mo.–So. 10.00–18.00, Di. 10.00–20.00 Uhr).

Die SS Klondike, Baujahr 1937, schippert immer noch in den Gewässern vor Whitehorse.

RESTAURANTS / HOTEL
Kaffee-Lust wird im **€ Baked Café** (100 Main St #108,Tel. +1 876 633 62 91, www.bakedcafe.ca) gestillt. Abends Lesungen und Konzerte.
Abends trifft man sich im **€ € Dirty Northern Public House** (103 Main St., Tel. +1 867 633 33 05) und bestellt grandiose Holzofenpizza.
Das **€ € Coast High Country Inn** (4051 4 Ave, Tel. +1 867 667 44 71, www.coasthotels.com) ist ein etwas klotziger, weißer Bau, hat aber große Zimmer und liegt nahe beim SS Klondike Raddampfer am schönen Flussufer.

INFORMATION
Department of Tourism & Culture
Box 2703, Whitehorse, Yukon Y1A 2C6
Tel. +1 800 661 04 94
www.travelyukon.com

9 Haines Junction

Der winzige Ort (800 Ew.) im Shakwak Valley ist das Portal zum Kluane National Park.

SEHENSWERT
UNESCO-Weltnaturerbe ist der **Kluane National Park** mit Wanderwegen und wilden Flussrouten ein Muss für Outdoorfans. Er schützt die Hochgebirgswelt der St. Elias Mountains mit den gewaltigsten Eisfeldern und den längsten Gletscherströmen außerhalb der Polarregion. Hier erhebt sich Kanadas höchster Berg, der **Mount Logan** (5959 m).

HOTEL
Das **€ Cozy Corner Hotel** (Alaska Hwy, Tel. +1 867 634 25 11) liegt etwas zurückversetzt direkt am Alaska Highway. Von hier aus kommt man rasch zum Kluane Park.

INFORMATION
Whitehorse Visitor Information Centre
2nd Ave, Tel. +1 800 661 04 94
www.whitehorse.ca

10 Dawson City

Hier wandelt man auf den Pfaden der Goldgräber: Die ganze Stadt steht unter Denkmalschutz.

SEHENSWERT
Neben der **Diamond Tooth Gertie's Gambling Hall** (s. S. 93) trotzen auch das **Palace Grand Theatre** und das **Post Office** den Zeichen der Zeit. Außerhalb der Stadt erinnert die **Holzhütte von Jack London** an den Aufenthalt des Autors im harschen Norden.

Tipp

Die Suche nach Gold

Man kann es ja zumindest mal versuchen, auch wenn der große Goldfund unwahrscheinlich ist. Wer aber selbst zum Gold-Digger werden will, findet um Dawson City herum ausreichend Gelegenheit, sich die Finger wundzuschürfen. Ausgestattet mit Pfannen geht man

zum nahen Claim am Flussufer, ab dann heißt es: Geduld haben. Shop und Garten von Claim 33 Goldpanning sind gleichzeitig auch ein kleines Museum.

Dawson City, KM 10, Bonanza Rd
Tel. +1 867 993 50 23
ww.claim33.vpweb.ca

MUSEEN
Die vom Goldrausch geprägte Stadtgeschichte wird im **Dawson City Museum** (595 Fifth Ave, www.dawsonmuseum.ca, 18. Mai–Aug. tgl. 10.00–18.00, Sept. Di–Sa. 10.00–14.00 Uhr, Okt.–Mai bei Anmeldung, Tel. +1 867 993 52 91) aufbereitet. Ein neues kulturelles Glanzlicht ist das direkt am Yukon gelegene **Dänojà Zho Cultural Centre** (1131 Front Street, http://trondekheritage.com/danoja-zho, Juni–Sept. Mo.–Sa. 10.00–17.00 Uhr), das im schönen Holzbau mit aufstrebenden Balken die Traditionen der Tr'ondëk Hwëch zeigt. Unterhalb des Bonanza Creek ist die **Dredge No4** (www.pc.gc.ca/eng/lhn- nhs/yt/klondike/natcul/dn4.aspx) bei Claim Nr. 17 ein Beispiel für die riesigen Schaufelbagger, mit denen bei Dawson City nach Gold gesucht wurde. Ausgestattet mit 72 Eimern konnte die gut 3000 Tonnen schwere Maschine 15 Meter tief graben und hob von 1913 bis 1959 neun Tonnen des Edelmetalls aus dem Boden.

RESTAURANTS
Bei **€ € Klondike Kate´s** (1102 Third Ave, Tel. +1 867 993 65 27, www.klondikekates.ca) wird Lunch, Brunch und Dinner gebrutzelt. Der Laden ist zu jeder Tageszeit voll, das Menu ein Mix aus frischem Fisch, Salaten und Burger-Gerichten. Kleine Terrasse.

INFORMATION
Dawson City Visitor Centre
Front St./King St., Tel. +1 867 993 55 66
www.dawsoncity.ca

Genießen Erleben Erfahren

DuMont Aktiv

Flug über Berge und Gletscher

Die Berge des Kluane National Park sind majestätisch, von oben aber geradezu märchenhaft. Ein Flug über die Gletscherlandschaft des schönsten Naturparks von Yukon verschlägt einem schnell die Sprache.

Die Luft ist klar und kühl, am Himmel dichte Wolken. Alex Lansfield umrundet seine Cessna TU206A und hebt den Daumen: „Good to go". Die dunklen Wolken? „Da fliegen wir durch, dahinter ist strahlender Sonnenschein, von den Bergen geschützt", sagt der Pilot, der seit fünf Jahren Yukon-Explorer über die Gletscher des Kluane National Park fliegt. Und er soll recht behalten: Ein paar Minuten nach dem Start gleitet die Maschine durch den Himmel, dem Grau entgegen – und plötzlich ist alles hell. Und spektakulär. Auf knapp 3000 Metern Höhe sind der wuchtige Pinnacle Peak und Mount Kennedy unter uns fast greifbar, dazwischen die Kaskawulsh- und South-Arm-Gletscher, deren eisige Ausläufer sich wie ausgelaufene Eiscreme an die Täler schmiegen, grellweiß an manchen Stellen, an anderen elfenbeinfarben, ab und an durchstochen von türkisblauen Wasserlöchern.

Die Szenerie wirkt wie eine Filmkulisse: dramatisch, unwirklich und episch. „Die Fläche ist ungefähr zwei Mal so groß wie die Schweiz", erklärt der Pilot über die Kopfhörer. Gerade als man denkt, dass keine Steigerung mehr möglich ist, taucht Mount Logan vor uns auf, mit 5959 Metern Kanadas Spitze. „Von den 20 höchsten Bergen des Landes befinden sich 17 in diesem Park. Umrandet von der weltgrößten nichtpolaren Eiswelt", sagt Lansfield. Yukon glänzt mit seinen Superlativen – von oben betrachtet sind sie von surrealer Schönheit.

Weitere Informationen
Kluane Glacier Tours
40 Lodestar Lane, Whitehorse
Tel. +1 867 634 29 16
www.kluaneglacierairtours.com

Von den 20 höchsten Bergen Kanadas erheben sich 17 im Kluane National Park. Ein Flug über Berge und Gletscher liefert spektakuläre Landschaftseindrücke.

Tenzin Gyatso

Langweilige Prärie? Von wegen!

So stellt man sich die kanadische Prärie vor: endlose Weite, Natur überall, menschenleere Straßen. So stellt man sich die Prärie gar nicht vor: moderne Architektur, stylisches Design, multikulturelle Stadtzentren und junge Unternehmer. Beide Versionen stimmen, beides ist bei einer Reise ins Innere des Landes zu entdecken. Willkommen in Manitoba und Saskatchewan.

Winnipeg, die Hauptstadt der Prärieprovinz Manitoba, trumpft mit einem modernen Bau auf, dem 2014 eröffneten Canadian Museum for Human Rights.

Oben: Auf dem Highway 1 in Brandon donnern auch Trucks über den Asphalt.
Mitte: In Saskatchewans Prärie wird sogar ein schlichtes Holzhaus zum Eyecatcher.

Nicht alle tragen ihre Cowboystiefel auch im Bett ...

... der Cowboyhut gehört aber offenbar zwingend auch beim Tischfußball auf den Kopf der Gäste der La Reata Ranch.

Einmal selber Cowboy sein? Auf der La Reata Ranch am South Saskatchewan River dürfen Gäste beim Viehtrieb mitmachen. Sattelfest sollten sie aber sein.

Das Beste an Saskatchewan? „Die Natur. Und die Vielfalt. Und die Aufgeschlossenheit ...", Andrew gibt auf. „Der Mix von allem", sagt der Kanadier mit der Hornbrille und ansteckendem Lachen. Ein Jahr lang ist Andrew der „Saskatchewanderer", der offizielle Blogger der Region. Vor ihm hatten bereits Neil, Caitlin, Jeff und Ashlyn die Ehre, Tausende Kilometer durch die Region zu reisen, das Beste zu finden und online darüber zu berichten (www.saskatchewanderer.ca). Die immer neue kulinarische Szene von Regina und Saskatoon zu entdecken, ist nur ein Bereich. Kunst, Kultur, aber auch Outdoor werden in beiden Städten großgeschrieben. Dabei läuft Saskatoon der Konkurrentin mit seinen bunten Graffitistraßen, den vielen Public-Art-Installationen oder dem brandneuen Remai Modern Art Gallery etwas den Rang ab was Kunst angeht. Regina, die südlichere der beiden Städte, ist vor allem bekannt durch die Ausbildungsstätte der „Mounties", der Royal Mountain Police, und für etwas gediegeneren Hauptstadtflair und hübschen Ausgehecken wie der Dewdney Avenue im Warehouse District.

Andrew selbst ist in Coronach, Saskatchewan, aufgewachsen, Einwohnerzahl: knapp unter 1000. „Escape the Chaos!" ist der Slogan der Stadt. Ob die Gemeinde nun den Rest des Landes meint oder die zehn Kilometer entfernten USA, darüber wird mit einem süffisanten Lächeln kanadisch nett geschwiegen. Ganz egal, welchem Chaos man in den Prärieprovinzen des Westens entkommen möchte, man wird sein Ziel mit ziemlicher Wahrscheinlichkeit erreichen. Gehetzt wird hier nicht, selbst in den Städten kommt man gut und gerne ohne Gehupe und ein stressverkniffenes Gesicht aus.

Kanadas Vorratskammern

Bekannt als die Kornkammern des Landes, wachsen hier die Getreidevorräte von Kanada. Die Weite des Landes wechselt sich zwar ab, die Vielfalt der Natur

Winnipeg bedeutet auf Cree „schlammiges Wasser“. Manitobas Hauptstadt liegt am Zusammenfluss von zwei Flüssen, doch nasse Füße bekommt unfreiwillig keiner mehr. Rechts: Einblicke ins Canadian Museum for Human Rights. Architekt Antoine Predock plante den Bau, der auch mit spektakulären Treppenaufgängen punktet (unten).

Links: Auch der Bahnhof zählt zu den architektonisch wertvollen Gebäuden. In Winnipeg lebt über die Hälfte der gesamten Bevölkerung von Manitoba. Rechts: Im Exchange District, einem quirligen Viertel mit Restaurants und Läden, stehen zahlreiche historische Gebäude aus dem frühen 20. Jh.

Aktionsbühne The Cube Stage: Hier trifft sich die alternative Musikszene Winnipegs.

Man spricht französisch! In Winnipegs Stadtteil St. Boniface mit der gleichnamigen Kirche leben die meisten Frankokanadier der Stadt.

Kulturelle Highlights finden sich in den Städten, der Rest ist Natur – und oft nur Zwischenstopp auf dem Weg in den Westen.

ist aber längst nicht so dramatisch. Hier dehnen sich entlang der US-Grenze halbtrockene, grasbedeckte Prärien aus, Getreidefelder, später teils dichte Mischwälder, im Norden folgt dann die weite, baumlose Tundra, durchsetzt von Naturparks mit Seen und Flüssen. Touristische Highlights mit Kunst und Kultur finden sich zwar zur Genüge in den Städten Regina, Saskatoon und Winnipeg, für eilige Touristen bleibt die Gegend aber eher ein kleiner Zwischenstopp auf dem Weg zu den „großen" Highlights im Westen. Die wenigsten nehmen sich die Zeit, gemütlich die breiten Straßen entlangzutuckern und auch einmal auszusteigen.

Schade eigentlich. Denn nur dann entdeckt man unerwartete Szenarien wie die wüstenhaft anmutende Landschaft in der Nähe des Städtchens Swift Current beispielsweise: Zwischen der sanften Hügellandschaft breitet sich dort wie aus dem Nichts kommend eine 1900 km^2 große Sandfläche aus. Die Great Sand Hills sind der größte Sandkasten des Landes, in dem meterhohe Wanderdünen in den Himmel ragen. Dann folgt das Kontrastprogramm im Cypress Hills Interprovincial Park an der Grenze zu Alberta mit einem märchenhaft dichten Terrain aus Nadelwaldhügeln, Mischwald und Felsen.

Vermischte Geschichte

Jahrtausendelang folgten die Prärieindianer den Wanderungen der Büffelherden. Dann kamen die Europäer. Zwischen 1895 und 1914 gruben ukrainische, polnische und deutsche Einwanderer das Land um und schufen auf dem nährstoffreichen Boden die heutigen kanadischen Kornkammern. Die ersten Neuankömmlinge aber, die dem Land ihren Stempel aufdrückten, waren französische und britische Pelzhändler, die zügig Handelsposten bauten, wichtige Kristallationspunkte für die weitere Landnahme. 1739 gründete Pierre de la Vérendrye aus Montreal am Zusammenfluss von Red River und Assiniboine Fort Rouge, das heutige Winnipeg.

Flottes Winnipeg

Winnipeg war einst Handelsmittelpunkt von Manitoba. Das historische Viertel erstreckt sich über 20 Blocks und umfasst 149 alte Gebäude mit geschwungenen Torbögen, geschnitzten Türen und verzierten Giebelfenstern. Architekturexperte Brian Timmerman, Executive Director des Exchange Districts in Winnipeg, kennt so ziemlich alle Geschichten, die sich um die Backsteingebäude ranken. Der Bezirk explodierte durch Handelsgeschäfte zwischen 1880 und 1920, Winnipeg wurde zu der am schnellsten

Winnipeg hat sich fürs 21. Jh. gestylt: Über den Red River spannt sich seit 2003 die Provencher Bridge, links dahinter das 2014 eröffnete Canadian Museum for Human Rights.

wachsenden Stadt des Landes. Allein 20 Banken entstanden, damals in majestätischen Bauten, jede wollte mit noch aufwendigeren Strukturen, Säulen und gusseisernen Toren die Nachbarbank übertrumpfen.

Seit das Viertel 1997 zum Historic District erklärt wurde, zog dies eine beispiellose Wiederbelebung nach sich. „Künstler, Designer, Cafés, Restaurants und Boutiquen haben sich angesiedelt." Timmermann zeigt in die belebte McDermot Street, die, bevölkert von lässigen Künstlertypen und jungen Frauen in flotten Bohemian-Kleidern, einen geradezu französischen Charme ausstrahlt.

Chicago des Nordens

Darauf trifft das Winnipeg der modernen Architektur, das der Stadt das Label „Chicago des Nordens" eingebracht hat. Elegante Glasbauten versprühen Großstadtflair wie das spektakuläre Menschenrechtsmuseum von Antoine Predock, dessen runder Bau nachts bläulich schimmert. Davor spannen sich die weißen Streben der Esplanade Riel Bridge elegant über den Red River. Auch der schiffsartige Steinbau der Winnipeg Art Gallery von Gustavo Da Roza und der energieeffiziente Manitoba Hydro Place machen deutlich, dass diese Stadt Stil, Vorwärtsdrang und Mut hat.

Special

Helfer im roten Rock

Die Mounties

Nur noch die Garde trägt rot.

Dass der kanadische Westen kein wilder wurde, ist den „Mounties" zu verdanken. Seit 1905 heißen sie Royal Canadian Mounted Police (RCMP) und sind bekannt für ihre Paradeuniform: roter Waffenrock, goldgelbe Knöpfe, breiter Hut.

Heute nimmt die RCMP lokale Aufgaben wahr, nur eine Einheit aus 32 Mounties ist noch zu Pferde im Einsatz – für den Musical Ride. Einst mussten sie verhindern, dass Kanada außer Rand und Band geriet. Amerikanische Whiskeyhändler tauschten bei den Natives Büffelfelle gegen billigen Fusel, das Gebiet hatte bald seinen Namen weg: „Whoop-up Country". Einhalt gebot keiner. Als 1873 amerikanische Jäger ein Camp des Assiniboine-Stammes überfielen und 70 Menschen töteten, war in Ottawa die Grenze der Geduld überschritten. Eine Polizeitruppe musste her.

Eine Abteilung der North West Mounted Police kam nach Fort MacLeod. 1885 wurde Fort Walsh errichtet. 1876 überquerte Sitting Bull auf der Flucht vor der amerikanischen Armee mit 5000 Sioux die Grenze. Inspektor James M. Walsh ritt mit vier Polizisten ins Sioux-Lager und forderte den Häuptling auf, die Waffen niederzulegen. Sitting Bull, von Walshs Mut beeindruckt, tat genau das. Feuerprobe bestanden – und die Legende der furchtlosen Mounties etabliert!

Regina liegt mitten im Weizengürtel Kanadas. Das Legislative Building ist Regierungssitz der Hauptstadt von Saskatchewan.

Oben: Saskatoon steht in permanenter Konkurrenz zu Regina. Die Broadway Bridge führt über den South Saskatchewan River.
Unten: Bunte Tattoos, bunte Küche: Dave Mackay kocht im Restaurant Ayden Kitchen & Bar in Saskatoon.

Moderne Wolkenkratzer dominieren die Skyline von Regina. Ihren ersten Namen „Pile of Bones", Knochenhaufen, hat die Stadt 1882 abgelegt.

DREHORTE

Kanadas Westen auf Zelluloid

Die Szene kommt Ihnen bekannt vor? Kann gut sein. Wer durch Westkanada fährt, kommt ständig an Drehorten vorbei. Regisseure haben die Auswahl von den Rockies bis Drumheller über Vancouver bis Yukon – und die Natur ist so spektakulär, dass sie selbst fernab der Leinwand wie ein Filmset aussieht.

Der Grizzlyangriff, das eiskalte Wasser, die bitteren Temperaturen im Schnee – die Szenen in „The Revenant" sind brutal und harsch. Und trotzdem: Wenn sich Leonardo DiCaprio als Hugh Glass schwerverletzt durch die Flusstäler schleift, bleibt die Natur ringsum einfach berauschend. Gedreht in Kananaskis County, dem Bow Valley und Drumheller ist Alberta in fast jeder Szene des oscargekrönten Streifens zu sehen. Weitere Filmsequenzen zeigen die Badlands von Drumheller. Immer wieder musste sich DiCaprio durch eisige Flüsse in Kananaskis County schleifen, nur um vom Regisseur ein „nochmal" zu hören. „Die Revenant-Dreharbeiten waren die brutalsten meiner Karriere", bekannte der Hollywoodstar in einem Interview.

Auch das Drama „Brokeback Mountain" nutzte die dramatische Szenerie der Rocky Mountains: Obwohl Ang Lees Oscar-Streifen in Wyoming und Texas gespielt hat, sind in vielen Einstellungen die kanadischen Berge zu sehen. Klondike zumindest darf sich im gleichnamigen Kinofilm selbst spielen.

Romantik am Strand

„Twilight"-Fans erkennen romantische Strand-Spots wieder: Wie die prägnanten Felsen am South Beach des Pacific Rim National Parks in Tofino, wo in „New Moon" Bella vor dem melodramatischen Hintergrund auf Jacob trifft. In „Eclipse" und „Breaking Dawn" sind die Strandszenen am Wya Point Beach in Ucluelet aufgenommen. Fans der Triologie waren in Whistler außer Rand und Band, als die Crew während der Dreharbeiten regelmäßig in den Bars auftauchte. Zwar wurde in Pemberton und Squamish gedreht, die Stars waren aber in den Hotels des Skiortes untergebracht.

Gut und günstig

Und nicht nur die epischen Naturshots haben es Hollywood-Filmemachern angetan. Vancouver gilt als eine der beliebtesten Filmstädte überhaupt. Die Gründe? Vancouver passt mit der Altstadt von Gastown an historische Sets, die Glasfassaden von Downtown wiederum sind futuristisch. Auch sind die Genehmigungen einfacher zu bekommen, Produktionskosten und Steuern geringer als in den USA. Also werden Straßenschilder ausgetauscht und gelbe Taxen rauschen auf der West Hasting Street entlang, als sei es der Broadway. Für „50 Shades of Grey" wurde Vancouver sogar zu Seattle.

Dann wieder knallen Autos mit Wucht auf das Georgia Viaduct, wie 2015 für „Deadpool". Auch 2017 drehte Ryan Reynold für die Fortsetzung des Marvel-Streifens in Vancouver. Diesmal gab es viele Sets an der Waterfront. Ansonsten sieht man die Stadt in „Planet of the Apes", „The Interview", „Star Trek: 3" oder die „X-Files". Und natürlich darf das hübsch-historische Setting von Granville Island nicht fehlen: „Mission: Impossible – Ghost Protocol" nutzte es für mehrere Szenen.

Drehorte für „The Revenant": die Hoodoos im Drumheller Valley (oben) und King Creek, Kananaskis County (S. 110)

Gefragter Drehort: Vancouvers historischer Stadtteil Gastown (oben). Wya Point Beach auf Vancouver Island ist Twilight-Fans wohlbekannt.

Informationen

Kanadas Westen im Film (Auswahl)

50 Shades of Grey
Brokeback Mountain
Deadpool
Klondike
Mission: Impossible – Ghost Protocol
Planet of the Apes
Star Trek: 3
The Interview
The Revenant
Twilight
X-Files

Maßstab 1:4.000.000
0
80 km
Alberta
Saskatchewan
Manitoba
CANADA
UNITED STATES
SASKATOON
REGINA
WINNIPEG
Lake Winnipeg
Lake Manitoba
Lake Winnipegosis
Cedar Lake
Prince Albert
North Battleford
Lloydminster
Moose Jaw
Swift Current
Yorkton
Brandon
Portage la Prairie
The Pas
Flin Flon
Cypress Hills
Great Sand Hills
Riding Mountain
Duck Mountain
Porcupine Hills
Pasquia Hills
Wapawekka Hills
Trans-Canada HWY
South Saskatchewan R.
North Saskatchewan R.
Saskatchewan R.
Qu'Appelle R.
Canadian Pacific Railway
Prince Albert National Park
Grasslands Nat. Park
Riding Mountain Nat. Park
Fort Peck Indian Reservation
1
2
3
4
5

Weites Land trifft auf lässiges Stadtflair

Saskatchewan und Manitoba werden oft überflogen oder mit dem Wohnmobil schnell durchfahren, um nach Alberta zu kommen. Dabei bietet dieser Teil des Westens eine ganz andere Vegetation und hat durchaus spannende Städte zu bieten. Planen Sie also auch ein wenig Zeit für die Prärie ein.

1 Grasslands National Park

Der rund 900 km² große Park wurde 1988 zum Schutz einer der letzten ursprünglichen Prärielandschaften Nordamerikas eröffnet.

SEHENSWERT
Der Park ist bekannt für seine klimatischen Extreme: Im Sommer kann es über 40 °C heiß werden, im Winter herrschen oft minus 40 °C – hier überlebt nur eine besonders angepasste Tierwelt – im **Frenchman River Valley** leben beispielsweise die letzten Schwarzschwanz-Präriehunde des Landes. Besonders faszinierend sind die **Big Muddy Badlands** (Hwy. 2 und Hwy. 18) mit ihren einstmals von Gletscherausläufern geformten „Mesas" (Tafelberge) und den bizzaren „Hoodoos" (Sandsteinsäulen). Im Osten des Parks breiten sich die **Killdeer Badlands** aus. Das Visitor Centre befindet sich im Ort Val Marie im Westen.

INFORMATION
Grasslands National Park, Val Marie
Tel. +1 306 298 22 57
www.pc.gc.ca/eng/pn-np/sk/grasslands/index.aspx

2 Regina

1882 gegründet, ist die Hauptstadt von Saskatchewan heute eine entspannte Metropole (215 000 Einw.) mit netten Restaurants und guten Museen.

SEHENSWERT
Von Mo. bis Fr. hält die RCMP Academy Division vor dem RCMP Heritage Centre (5907 Dewdney Ave, www.rcmphc.com, Tel. +1 306 522 73 33) eine halbstündige **Musik-Parade** hoch zu Ross ab. Im Sommer sind auch Turbo und Salute dabei, zwei Pferde der Division, die mittlerweile im angrenzenden Depotgebäude ihre Rententage verbringen. Der weitläufige **Wascana Park** ist die grüne Lunge und gleichzeitig das pulsierende Freitzeitherz der Stadt. Das direkt angrenzende, monumentale **Legislative Building** (2405 Legislative Dr., www.legassem bly.sk.ca, tgl. 8.00–17.00 Uhr), Baujahr 1912, beherbergt Museen und bietet Führungen an.

Prärielandschaft (o.l.), Musikparade der Academie Division (o.r.) und Bushwakker Micro Brewery & Pub in Regina (u.).

MUSEEN
Im **Royal Saskatchewan Museum** (2445 Albert St., www.royalsaskmuseum.ca, tgl. 9.30 bis 17.00 Uhr) findet man die volle Bandbreite an Fundstücken und Erläuterungen zu Naturgeschichte und archäologischen Funden. Die **MacKenzie Art Gallery** (3475 Albert St., www.mackenzieartgallery.ca, Mo.–Sa. 10.00 bis 17.30, Do. bis 21.00, So. 12.00–17.30 Uhr) zeigt zwar auch Funde aus der Antike, die spannendsten Exponate finden sich aber in der indigenen Abteilung – vor allem die moderne Native Kunst. Das **RCMP Museum** (5907 Dewdney Ave, tgl. 11.00–17.00 Uhr) ist ein Highlight für alle, die von den „Mounties" fasziniert sind.

RESTAURANTS
Hausgebrautes Bier und unkomplizierte günstige Küche: **€ Bushwakker Brewpub** (2206 Dewdney Ave, Tel. +1 306 359 72 76, www.bushwakker.com) ist eine Institution in der Ausgehszene.
Das **€ € € Crave Kitchen & Winebar** (1925 Victoria Ave, Tel. +1 306 525 87 77, www.cravekwb.com) besticht durch leckere Salate, feine Fisch- und Fleischgerichte und eine hübsche Terrasse.

HOTEL
Zentral gelegen geht der Blick aus den großen Zimmern des **€ € Hotel Saskatchewan** (2125 Victoria Ave, Tel. +1 306 522 76 91, www.marriott.com) direkt auf die architektonisch interessanten Glasfassaden der Hochhäuser.

INFORMATION
Tourism Regina
1925 Rose Street
Tel. +1 306 789 50 99
www.tourismregina.com

❸ Saskatoon

Schwestern der Prärie oder eher Rivalinnen? Regina und Saskatoon sind die beiden großen Städte der Region. Durch Universität und eine junge Szene hat Saskatoon einen besonderen Charme – vor allem die Food-Szene wird von jungen Einsteigern geprägt.

MUSEUM

Das **Western Development Museum** (2610 Lorne Ave, www.wdm.ca, Di.–So. 9.00–17.00 Uhr) zeigt mit aufwendigen Ausstellungen die Vergangenheit einer typischen Boomtown der 1910er Jahre. Im Town Centre (910 Spadina Crescent East) ist das **Ukrainian Museum of Canada** (www.umc.sk.ca) untergebracht.

VERANSTALTUNGEN

Im **Persephone Theatre** (100 Spadina Crescent, www.persephonetheatre.org,Tel. +1 306 384 77 27) ist klassische und moderne Theaterkunst zu Hause.

RESTAURANTS

Leichter Lunch, Café-Spezialitäten und gutes lokales Bier in luftigem Beach-Style-Ambiente: Das **€ Drift Sidewalk Café** (339 Ave A South, Tel. +1 306 653 22 56, www.driftcafe.ca) ist herrlich.
Bärtige, tätowierte Köche zaubern Global Cuisine mit verschiedenen Aromen aus aller Welt im „urban rustic"-Ambiente: **€ € € Ayden Kitchen & Bar** (265 3rd Ave, Tel. +1 306 954 25 90, www.aydenkitchenandbar.com). Das Steak ist gigantisch.
Die deftigen Burger und Sandwiches im **€ € Wanuskewin Heritage Park Restaurant** (Penner Rd, Tel. +1 306 931 67 67, www.wanuskewin.com) schaffen eine gute Basis für Erkundungstouren im Park.

EINKAUFEN

Guten Schnaps stellt das Familienunternehmen **Black Fox Spirits** (245 Valley Road, Saskatoon, Tel. +1 306 955 46 45, www.blackfoxfarmanddistillery.com) her – in einem riesigen Destillierkessel, der aussieht wie eine Mischung aus Saxophon und Orgelpfeifen.

UMGEBUNG

Der **Wanuskewin Heritage Park** (wanuskewin.com, Mo.–Fr. 9.00–16.30, Sa. 11.00–16.00 Uhr) mit großem Visitor Center zeigt archäologische Funde aus über 6000 Jahren. Schwerpunkt sind die Traditionen und Feste der First Nations der Gegend.

INFORMATION

Tourism Saskatoon
101–202 Fourth Avenue North, SK S7K 0K1
Tel. +1 306 242 12 06
www.tourismsaskatoon.com

❹ Battleford

Am North Saskatchewan River liegen sich die Städte Battleford und North Battleford gegenüber. An dieser Stelle gab es lange Jahre Konflikte zwischen den Blackfoot und den Cree.

Im Spruce Woods Provincial Park (o.l.), Black Fox Spirits in Saskatoon (o.r.), historische Gebäude in Winnipeg (u.)

SEHENSWERT/MUSEUM

Battleford mit seiner fotogenen Frontier-Architektur und dem **Historic Site Fort Battleford** (www.pc.gc.ca/eng/lhn-nhs/sk/battleford/index.aspx) erlaubt einen Blick in die Zeit von 1876 bis 1882, als das Städtchen die Hauptstadt des Territoriums war. 1876 wurde der Stützpunkt der North West Mounted Police eingerichtet. Kostümierte Guides erzählen die Geschichten der ersten Siedler des Ortes. Südwestlich von North Battleford widmet sich das **Western Development Museum** der Pionierzeit (Hwy. 16/40). Und es gibt auch moderne Kunst: Die **Allen Sapp Gallery** (1 Railway Avenue, Tel. +1 306 445 17 60) zeigt Werke des beliebten kanadischen Künstlers, dessen bunte Malerei die Traditionen der Cree-Community feiert.

INFORMATION

Historic Site Fort Battleford
Tel. +1 306 937 26 21
www.pc.gc.ca/eng/lhn-nhs/sk/battleford/index.aspx

❺ Winnipeg

Im Osten der Prärie rechnet man kaum mit einem quirligen Städtchen wie Winnipeg. Jung und kunstbegeistert hat die Hauptstadt kosmopolitisches Flair. Gelegen am „The Forks", der Gabelung von Red und Assiniboine River, bauten 1737 Europäer hier einen Handelsposten. Der Name der Stadt stammt von den Cree und hat die wenig charmante Bedeutung „schlammiges Wasser". Heute ist Winnipeg erstaunlich bunt und multikulturell.

SEHENSWERT

Der 2009 eröffnete **Manitoba Hydro Place** (360 Portage Avenue, www.hydro.mb.ca), Sitz des kanadischen Stromversorgers, ist ein faszinierendes Beispiel, wie man Bürogebäude in umweltfreundlicher Nachhaltigkeit bauen kann. Wo heute der **Forks Market** (1 Forks Market Road, www.theforks.com, tgl. 7.00 bis 23.00 Uhr) mit kleinen Läden, netten Bioshops, Boutiquen und Cafés ein quirliger Treffpunkt der Stadt ist, war früher **The Forks** ein Ort der First Nations und Trapper. Um 1900 entwickelte sich der Platz durch die Eisenbahn zum wichtigsten Marktplatz der kanadischen Prärie. Heute ist es UNESCO-Weltkulturerbe. Auch das **Explore Manitoba Centre** steht hier. Am coolsten für eine Pause mit Show-Effekten ist der **Skateboard-Park**, immer gut besucht von Top-Skatern. Hoch oben auf dem neoklassizistischen **Manitoba Legislative Building** (450 Broadway, www.gov.mb.ca) prangt Winnipegs güldenes Wahrzeichen, der „Golden Boy". Dahinter streckt sich das belebte Studentenviertel **Osborne Village** aus. In den herrlich historischen Straßen des **Exchange District BIZ** (www.exchangedistrict.org) kann man Stunden verbringen. Antikshops, coole Boutiquen und Kunstgalerien geben dem Viertel ein Bohemian-Flair. In den warmen Monaten finden hier diverse Festivals statt. Die **Esplanade Pedestrian Bridge** ist bei Tag ein schönes Fotomotiv – angestrahlt bei Nacht aber noch grandioser. Deutsche Führungen durch die **Union Station** bietet O Tours Inc an (www.otours.net). Besonders stolz sind die Locals auf ihr Winnipeg Symphony Orchestra und das renommierte Royal Winnipeg Ballett, deren gefeierte Darbietungen man in der **Centennial Concert Hall** (555 Main St.) sehen kann.

MUSEEN

Das **Canadian Museum for Human Rights** (85 Israel Asper Way, www.humanrights.ca, Di., Do.–So. 10.00–17.00, Mi. bis 21.00 Uhr) ist weltweit das einzige Museum, das sich mit der Geschichte der Menschenrechte befasst. Spannende und aufwühlende Ausstellungen, die zum Nachdenken anregen. Das Gebäude entstand nach Plänen von Antoine Predock. Das **Manitoba Museum of Man & Nature** (manitobamuseum.ca, Di.–Fr. 10.00–16.00, Sa./So. 11.00 bis 17.00 Uhr) taucht tief in die Natur- und Kunstgeschichte der Provinz ein. Die grandios-futuristische **Winnipeg Art Gallery** (300 Memorial Boulevard, www.wag.ca, Di.–So.

11.00–17.00, Fr. bis 21.00 Uhr) beherbergt eine umfassende Inuit-Sammlung – man sollte Zeit mitbringen.

RESTAURANT/HOTEL

Den beste „Cup of Joe", wie die Kanadier ihren Kaffee-Fix nennen, gibt es im stylischen € **Parlour Coffee** (468 Main Street, www.parlourcoffee.ca), guten Süßkram bei € **Bronuts** (100 King Street, www.bronuts.ca).
Mitten im historischen Exchange District, ist es vom stylisch-modernen € € **Mere Hotel** (333 Waterfront Drive, Tel. +1 855 799 11 09, www.merehotel.com) nur ein kurzer Spaziergang bis zur Waterfront.

UMGEBUNG

Der **Spruce Woods Provincial Park** ist eine kleine Sandwüste, perfekt für kurze Wanderungen. Am Ende des 4 km langen Trails wartet Devils Punch Bowl, wo Wasser und Sand in ein gut 45 m tiefes, blaugrünes Wasserloch abfallen. **Brandon** ist Manitobas zweitgrößte Stadt und bekannt als „The Wheat City", die Getreidestadt.

INFORMATION

Tourism Winnipeg
Suite 810, One Lombard Place
MB R3B 0X3
Tel. +1 204 943 19 70
www.tourismwinnipeg.com

Tipp

Leben auf der Ranch

Am Nachmittag das Lasso schwingen und abends am Lagerfeuer die Sterne zählen: Das Leben auf der La Reata Ranch lässt Wildwest-Träume aufleben, aber mit ein bisschen mehr Komfort als John Wayne ihn hatte. Man schläft in hübschen Holzhütten. Der Deutsche George Gaber hat die Ranch 1996 eröffnet, seitdem können Gäste hier aufsatteln und lernen, wie man Rinderherden eintreibt. Am Lake Diefenbaker gelegen, ist die Szenerie spektakulär.

La Reata Ranch, Box 128, Kyle
Saskatchewan, Tel. +1 306 375 22 25
www.lareataranch.com

Genießen Erleben Erfahren

DuMont Aktiv

Stehend übers Wasser gleiten

Ob in Regina, Saskatoon, Winnipeg oder den kleinen Ortschaften zwischendrin: Outdoor-Sport gehört in den Prärieprovinzen zum Alltag. Und wenn man Flüsse und Seen um sich herum hat, dann wird mit dem Kajak gepaddelt, Scooter gefahren oder man lässt sich zum Angeln mit dem Motorboot etwas weiter hinaus bringen. Wie in Vancouver, Tofino oder am Okanagan, wird auch in Regina munter auf Paddleboards über das Wasser geschlittert.

Paddleboarding-Stunden am Ufer des Wascana Lake bietet Kristal McBain an. Ihr Queen City SUP-Shop in Saskatoon verleiht das Equipment; noch an Land erklärt sie die besten Kniffe, um aufs Brett zu kommen. Dann geht es in kleinen Grüppchen aufs Wasser; Geübte können auf die Einweisung verzichten und einfach die Boards ausleihen. Vorbei an Kanuten dreht man auf dem breiten Wascana seine Runden, hinter den Bäumen am Ufer ist das Legislative Building zu sehen. Wer an heißen Sommertagen eine Abkühlung will: Knapp vor dem Regierungsgebäude ist ein Springbrunnen im Wasser.

Immer wieder passiert man kleine Inseln im Fluss, hinter Spruce Island ist der große Totempfahl am Ufer zu sehen, auf Willow Island gibt es sogar einen Picknick-Tisch. Aber am schönsten ist es ohnehin, ganz entspannt einfach nur über das flache Wasser zu gleiten und darauf zu warten, dass die Sonne Regina in ein rotgelbes Licht taucht.

Weitere Informationen

Es gibt auch PaddleFit-Stunden mit Fitness auf dem Board oder mehrtägige Paddle-Boarding-Trips mit Yogastunden und Bioessen.
Preis: Gruppenunterricht 50 CAD p.P.
Boardverleih ab 20 CAD; Tagesrate 50 CAD

Queen City Sub
Regina
Tel. +1 306 531 87 13
www.queencitysup.com

Standup-Paddling sieht leicht aus, ist es am Anfang aber nicht. Doch es gibt professionelle Hilfe: Also nur Mut und rauf aufs Board.

Icefields Parkway Jasper (o.l.), Restaurant Sobo in Tofino (o.r.), unterwegs in Saskatchewan (u.)

Service

Praktische Informationen für die Reise und einiges Wissenswerte über Kanadas Westen haben wir hier für Sie zusammengetragen.

Anreise

Flug: Air Canada und Deutsche Lufthansa fliegen täglich nonstop von Frankfurt/M. nach Calgary und Vancouver mit Anschlussmöglichkeiten im Inland. Von Mai bis Oktober fliegt Lufthansa täglich von München nach Vancouver. Condor fliegt von Mai bis Okt. ab Frankfurt/M. vier Mal wöchentlich nonstop nach Vancouver sowie ein Mal pro Woche nach Whitehorse. Edelweissair (Swiss Air) fliegt von Mai bis Sept. drei Mal wöchentlich nonstop von Zürich nach Vancouver.
Zudem bieten Airlines wie Air France, British Airways, Icelandair, KLM und Swiss Verbindungen von europäischen Flughäfen nach Calgary, Edmonton und Vancouver, bei denen man umsteigen muss.
Schiff: Kreuzfahrtschiffe legen an den kanadischen Häfen Vancouver, Victoria und Prince Rupert an, sowie dem US-Hafen Skagway in Alaska – eine nahe Alternative für einen Reisebeginn in Yukon.
Zug: Einmal quer durchs Land ist mit der Verbindung Toronto – Vancouver möglich. Für die 4466 km ist man vier Tage und drei Nächte unterwegs – und fährt dabei auch durch die Rocky Mountains. Besonders spektakulär ist der Wagon mit Glasdach. Haltepunkte unterwegs sind u.a. Winnipeg, Saskatoon, Edmonton, Kamloops und Jasper (www.viarail.ca).

Auskunft

Canadian Tourism Commission:
800–1045 Howe Street
Vancouver, BC, V6Z 2A9
http://de-keepexploring.canada.travel

Destination British Columbia:
12th Floor, 510 Burrard Street
Vancouver, British Columbia V6C 3A8
www.hellobc.com

Travel Alberta:
400–1601 9 Avenue SE
Calgary Alberta, T2G 0H4
www.travelalberta.com

Yukon Tourism:
Department of Tourism & Culture
Government of Yukon, Box 2703
Whitehorse, Yukon, Y1A 2C6
http://travelyukon.de

Northwest Territories Tourism:
4916 47 St., Yellowknife, NT X1A 1L8
Tel. + 1 800 661 07 88
http://spectacularnwt.com

Tourism Saskatchewan:
189–1621 Albert Street
Regina, SK, S4P 2S5
Tel. + 1 877 237 22 73
www.tourismsaskatchewan.com

Tourism Winnipeg:
300–259 Portage Avenue
Winnipeg, Manitoba, R3B 2A9
Tel. + 1 204 954 19 77
www.tourismwinnipeg.com

Travel Manitoba:
21 Forks Market Road, Winnipeg
Manitoba, Canada R3C 4T7
Tel. + 1 204 971 78 71
www.travelmanitoba.com

Autofahren

Wer die Weite des Westens erkunden möchte, ist am besten mit dem Auto unterwegs.
Regeln: Der nationale **Führerschein** wird anerkannt. Gurtpflicht und Handyverbot sind landesweit einzuhalten, ansonsten gelten die allgemeinen **Straßenverkehrsregeln** – mit ein paar Zusätzen: Es darf bei rot rechts abgebogen werden. Haltende Schulbusse dürfen auch vom entgegenkommenden Verkehr nicht überholt werden. Die Straßenbeschilderung ist auf Englisch, es gilt das metrische System mit km-Angaben.
Die **Promillegrenze** liegt je nach Provinz/Territorium zwischen 0,0 und 0,8 Prozent.
Geschwindigkeitsbegrenzungen sind einzuhalten, an den Highways stehen vor allem nachts oft Polizeistreifen. Auf vierspurigen Highways beträgt die Höchstgeschwindigkeit meist 100 km/h, auf zweispurigen Straßen 80 km/h, in Ortschaften 50 km/h.
Wen die **Polizei** mit Blinklicht zur Seite winkt: Anhalten und im Auto sitzen bleiben bis der Officer ans Fenster kommt. Nicht aussteigen! Den Führerschein am besten griffbereit haben, anstatt lange in der Tasche rumzukramen.
Vor allem nachts auf leeren Highways aufpassen: Bären, Hirsche oder andere **Tiere** überqueren oft die Fahrbahn.
In Städten, kleinen Ortschaften und an den Highways gibt es ausreichend **Tankstellen**. Auf weiten Strecken besser einen vollen Ben-

Die 17. Avenue ist eines der Ausgehviertel in Calgary.

zinkanister mitnehmen. An den langen Highways im Norden oder in den Prärieprovinzen liegen Tankstellen oft Hunderte Kilometer auseinander.
Orientierung: Ein GPS und eine ausführliche Straßenkarte sind zu empfehlen. Karten gibt es an Tankstellen oder bei der Canadian Automobile Association (CAA), dem Äquivalent des ADAC. Der springt auch bei **Notfällen** ein: Tel. +1 800 222 43 57, www.caa.ca
Mietwagen: Man muss 21 Jahre alt sein, für ein Wohnmobil liegt das Mindestalter bei 25 Jahren. Jeder weitere Fahrer muss eingetragen werden (und kostet Aufpreis). Nach versteckten Kosten wie Drop-Off-Fees oder Taxes fragen. Anbieter finden sich an Häfen, Flughäfen oder in der Nähe von Hotels. Eine Buchung von Deutschland aus ist oftmals günstiger, manchmal lohnt sich auch ein Flug-Auto-Paket. In Kanada wird Automatik gefahren, ein Allradantrieb (Four Wheel Drive) empfiehlt sich. Camper lange im Voraus buchen. Praktisches Tool: Autoeurope vergleicht am Anmietort die Verleiher und zeigt das günstigste Angebot an. Zudem kann man gegen einen relativ geringen Aufpreis die Selbstbeteiligung auf 0 Dollar senken (www.autoeurope.de).

Botschaften /Konsulate

Deutsche Vertretungen:
Botschaft, 1 Waverley Street
Ottawa ON, K2P 0T8, Tel: + 1 613 232 11 01
Generalkonsulat Vancouver
Suite 704 - 999 Canada Place, Vancouver, BC
V6C 3E1, Tel. + 1 604 684 83 77
www.canada.diplo.de
Österreichische Vertretungen:
Botschaft: 445 Wilbrod Street, Ottawa, Ontario
K1N 6M7, Tel. +1 613 789 14 44
Konsulate: Vancouver: 1160-595 Howe Street
BC, V6C 2T5 Tel. +1 604 687 33 38
Calgary: 1200, 1015-4th Street SW, Calgary AB
T2R 1 J4, Tel. +1 403 283 65 26
www.bmeia.gv.at
Schweizer Vertretungen:
Botschaft: 5 Marlborough Avenue, Ottawa, ON
K1N 8E6, Tel. +1 613 235 18 37
Konsulat: World Trade Centre, 790-999 Canada Place, Vancouver, BC, V6C 3E1
Tel. +1 604 684 22 31, www.eda.admin.ch

Camping

Es gibt ein dichtes Netz von Campingplätzen (meist mit Stromanschluss für Motorhomes). In den National- und Provinzparks stehen Zeltplätze zur Verfügung. In der Hochsaison ist eine Reservierung ratsam. Wildes Campen in den Parks ist verboten. Immer mehr Parks bieten Übernachtungen in Hütten an, die man online buchen kann.

Essen und Trinken

Speisen: Von Fast Food über Tapas bis zum aufwendigen Sternemenü: Der kanadische Westen ist kulinarisch breit gefächert und vor allem Großstädte wie Vancouver, Calgary und Edmonton beeindrucken durch einen Mix aus günstig, teuer, innovativ und traditionell.
Ein Nationalgericht gibt es im ethnisch vielseitigen Kanada nicht. In den vergangenen Jahren hat sich die „Farm to Table"-Cuisine zum Trend entwickelt: Junge Chefs legen großen Wert auf lokale Zutaten, die oft im eigenen Garten angepflanzt werden. Das Fleisch kommt vom Bio-Metzger des Vertrauens und die Kreationen werden oft als „share dishes" serviert, d.h. mehrere Personen teilen sich die Gerichte. Regionale Schwerpunkte gibt es mit Fischgerichten wie Lachs in Küstennähe, im Inland geht es mit Steaks oder Wildspezialitäten (z.B. Bison Burger) auf dem Menü deftiger zu. Entlang der Highways muss man sich auf Fast-Food-Ketten und Coffee-Shops einstellen; so manche Tankstelle überrascht mit „home cooking".
Getränke: Neben „Coke" und anderen alkoholfreien „Pops" ist die Bierauswahl vielseitig. Die Großbrauereien haben vor allem in Städten Konkurrenz von Micro Breweries (kleinen Hausbrauereien) bekommen, die mit einfallsreichen Varianten begeistern. Weine aus Europa, Südamerika oder Australien gibt es in den meisten Restaurants. In den Weinbaugebieten ist die Vielfalt groß. Alkohol wird in Kanada in „Liquor Stores", „Beer Stores" oder direkt bei den Winzern verkauft – nicht im Supermarkt. Manche Tankstellen bieten eine kleine Bierauswahl an.

Info

Daten & Fakten

Staat und Einwohner: Kanada ist rund 9 970 610 km² groß und hat 35,8 Mio. Einwohner (2015). Über 70 Prozent des Landes ist durch die eisigen Bedingungen des Nordens nicht bevölkert. Die Hauptstadt ist Ottawa, die Amtssprachen sind Englisch und Französisch.
Geographische Lage: Das zweitgrößte Land der Erde hat ein enorm vielschichtiges Ökosystem mit Tundra, Graslandschaften, Nadelwäldern und dem Ewigen Eis im Norden. Entlang des Pazifik herrscht ein gemäßigtes oder feuchtkaltes Klima, in British Columbia gibt es Zonen mit gemäßigtem Regenwald.
Natur: Die Tierwelt ist vielseitig mit Polarbären im Norden, dem Weißkopfseeadler entlang der Haida-Gwaii-Inselgruppe, Büffeln in den Prärieprovinzen oder Berglöwen in BC. Das Nationaltier ist der Biber.
Politik und Gesellschaft: Kanadas Staatsform ist die Parlamentarische Monarchie mit einem Zweikammerparlament. Das Staatsoberhaupt ist die englische Queen, vertreten durch einen Generalgouverneur, der formell den Premierminister ernennt. Premierminister ist seit 2015 Justin Trudeau. Jede der kanadischen Provinzen oder Territorien hat ihre eigene demokratisch gewählte Legislatur und hat einen größeren Autonomiegrad als etwa die deutschen Bundesländer.
First Nations: Kanadas Geschichte ist jung – prähistorisch geht die Geschichte aber gut 20 000 Jahre bis zur ersten Eiszeit zurück. Über die Landbrücke der Beringstraße kommen sibirische Nomaden aus Asien nach Nordamerika – die Vorfahren der First Nations.
Seit den 1980er Jahren haben die Belange der First Nations einen größeren Anteil in der lokalen und nationalen Politik. Landwiedergabe, Jagd- und Fischereirechte werden in weiten Teilen der Bevölkerung diskutiert – und vielfach genehmigt. Ein Meilenstein in der Geschichte des Landes war die Unabhängigkeit von Nanavut 1999 – Kanadas jüngstem Territorium und Land der Inuit.
Wirtschaft: Kanadas Wohlstand baut im Westen auf natürlichen Ressourcen, vor allem auf Rohstoffen wie Erdöl, Erdgas oder Gold sowie auf nährstoffreichen Böden für den Getreideanbau und zur Viehzucht. Forstwirtschaft ist ein wichtiger Sektor, ebenso wie der Tourismus. Dienstleistungszentren sind die Ballungsgebiete wie Vancouver, Calgary oder Winnipeg.

In Dawson City verkehrt noch ein Dampfer (o.); Surfer im Pacific Rim National Park (u.)

Herrliche Aussicht ohne Anstrengung: die Fahrt mit der Peak to Peak Gondola in Whistler

Info

Geschichte

35000–10000 v. Chr.: Über die Landbrücke der Beringstraße kommen sibirische Nomaden aus Asien nach Nordamerika.
Um ca. 500 n. Chr.: Die Nordwestküsten-Indianer bauen erste Siedlungen entlang der Inside Passage.
1534–1543: Der französische Entdecker Jaques Cartier kommt mit seinem Schiff in Labrador, Neufundland an. Eine zweite Reise soll die Gegend um den Saint Lawrence Strom besiedeln, doch nach einem extrem harten und kalten Winter wird der Kolonisations-Versuch abgebrochen.
16./17. Jh.: Samuel de Champlain unternimmt mehrere Versuche der Besiedlung.
1608: Als erste kleine französische Kolonie wird Quebec City gegründet. Der Pelzhandel gibt wirtschaftlichen Auftrieb.
1610: Der Brite Henry Hudson erreicht die Bay, die bis heute seinen Namen trägt.
1670: Gründung der Hudson´s Bay Company, die ein Pelzhandel-Monopol über die Gegend erreicht.
1792: George Vancouver nimmt die Westküste für England in Besitz.
1793: Der Schotte Alexander Mackenzie entdeckt den Fraser River und erreicht die Pazifikküste bei Bella Coola. Damit überquert er als Erster Nordamerika nördlich von Mexiko.
1812: Krieg mit den USA
1818: Der 49. Breitengrad wird Grenze zwischen Kanada und den USA.
1858: Es kommt zum ersten Goldrausch in British Columbia am Fraser River.
1. Juli 1867: Gründung Kanadas im British North America Act.
1885: Niederschlagung der Rebellion der von Louis Riel geführten Métis. Die erste transkontinentale Bahnlinie geht in Betrieb.
1896: Der Goldrausch am Yukon löst eine Euphorie und Massenwanderung aus.
1914: In Alberta bricht durch die Entdeckung von „schwarzem Gold" ein Ölboom aus.
1919: Schwere Wirtschaftskrise in den Prärieprovinzen
1922: Die Kanadier Charles Best, Frederick Banting und John MacLeod gewinnen den Nobelpreis für ihre Entdeckung von Insulin.
1942: Der Alaska Highway entsteht in nur acht Monaten.
1962: Fertigstellung des Trans Canadian Highway.
1965: Kanada erhält eine neue rot-weiße Flagge mit einem Ahornblatt in der Mitte.
1988: In Calgary finden die XV. Olympischen Winterspiele statt.
2010: XXI. Olympische Winterspiele in Vancouver
2012: Im Sommer überspringt Kanada die 35-Mio.-Einwohner-Marke.
2013: Bei verheerenden Unwettern verursacht Hochwasser in Süd-Alberta Sachschäden in Höhe von mehr als 1,7 Milliarden Dollar.
2015: Justin Trudeau wird zum 23. Premierminister von Kanada gewählt.
2016: In Fort McMurray im Norden von Alberta bricht im April ein Feuer aus, das rund 2000 Häuser zerstört. Ca. 25 000 Menschen werden über eine Luftbrücke evakuiert.
2017: Kanada feiert mit großen Veranstaltungen sein 150-jähriges Bestehen (Nationalfeiertag am 1. Juli).

Etikette

Kanadas **Bewohner** sind stolz auf ihren multikulturellen Mix und enorm interessiert an der Herkunft der Besucher. Die indigene Bevölkerung präsentiert ihre Traditionen bei Festen und Ausstellungen. Die Bezeichnung „Indianer" oder „Indians" ist verpönt – stattdessen gilt „First Nations" oder „Natives" als korrekte Bezeichnung.
Die entspannte Atmosphäre des Landes macht sich im **Dresscode** bemerkbar: Sportliche Outdoorkleidung ist überall – bis auf noble Gourmetlokale – akzeptiert. „Zwiebellook" ist angesichts der Wetterlaunen in Städten wie Vancouver oder im Norden völlig normal.
In Gebäuden, Restaurants, Bars oder Verkehrsmitteln ist das **Rauchen** verboten. Selbst auf Dachterrassen, Außenbars oder in der Nähe von Eingängen darf nicht geraucht werden.
Das Mindestalter für Erwerb und Konsum von alkoholischen Getränken liegt bei 19 Jahren (Ausnahme: 18 Jahre in Alberta, Manitoba). Das Trinken von **Alkohol** in der Öffentlichkeit ist in Kanada untersagt. Alkoholische Getränke dürfen nur innerhalb der dafür lizenzierten Lokale oder zuhause konsumiert werden.
Trinkgeld: „Tipping" oder „Service Charges" sind generell nicht auf der Rechnung vermerkt – außer bei Gruppen über sechs Personen. Trinkgeld wird erwartet und sollte mindestens 15 Prozent der Netto-Rechnung vor Tax betragen. Auch bei Taxifahrten, in Bars und Clubs wird ein Tip erwartet. Für ein Bier lassen Kanadier einen Loonie (1 CAD) an der Theke liegen.

Geld

Landeswährung ist der Kanadische Dollar (CAD) mit Münzen zu 1 Cent (Penny), 5 Cent (Nickel), 10 Cent (Dime), 25 Cent (Quarter), 1 Dollar (Loonie) und 2 Dollar (Toonie) und Papierscheinen zu 5, 10, 20, 50, 100, 500 und 1000 CAD. Größere Scheine (ab 50 CAD) werden nicht überall angenommen.
Kreditkarten: Überall akzeptiert werde VISA und MasterCard, auch für geringe Beträge. An den meisten ATMs (Geldautomaten) kann man mit Maestro-Kreditkarten Geld abheben.

Gesundheit

Die medizinische Versorgung ist in Kanada gut, eine **Auslandskrankenversicherung** empfiehlt sich aber. Verschreibungspflichtige Medikamente sollte man in ausreichender Menge einpacken. Die „Pharmacies" befinden sich in Drugstores.
Im **Notfall** die 911 wählen oder den „Emergency Room" des nächsten Krankenhauses aufsuchen.

Hotels

Von Luxus bis Budget, die Auswahl ist groß: Infos geben die Fremdenverkehrsämter der Pro-

Info

Reisedaten

Flug von Deutschland: Frankfurt a.M. – Vancouver ca. 1000 €
Inlandsverkehr: Busfahrt Vancouver – Calgary ca. 90 CAD
Reisepapiere: Personalausweis oder Reisepass
Devisen: 1 CAD = ca. 0,70 €
Mietwagen: ca. 40 CAD pro Tag
Benzin : 1 l Normalbenzin ca. 1,20 CAD
Hotel : DZ Luxuskategorie ab 250 CAD
Mittelklasse ab 100 CAD
Lodge/Ranch: 1 Übernachtung ab 100 CD, Luxuskategorie ab 200 CAD
Menü: 3 Gänge pro Person ab 35 CAD, Luxuskategorie ab 60 CAD
Einfaches Essen: Hauptgericht (Lunch) ab 10 CAD
Ortszeit : gegenüber MEZ -7 bis -9 Stunden

vinzen, man kann online reservieren. In den großen Städten wird es mit schickeren Hotels teurer, je weiter man in die kanadische Prärie oder den Norden fährt, desto schlichter werden die Optionen mit Motels, Herbergen oder Camping-Lodges. Für die Hochsaison sollte man immer vorab reservieren. In Jugendherbergen kann man über Hostelling International buchen und muss dafür kein Mitglied im deutschen bzw. kanadischen Verband sein, Mitglieder bekommen aber Rabatt (Tel. +1 800 663 57 77, hihostels.ca).

Preiskategorien

€€€€	Doppelzimmer über 200 CAD
€€€	Doppelzimmer 150–200 CAD
€€	Doppelzimmer 80–150 CAD
€	Doppelzimmer unter 80 CAD

Notruf

Polizei, Krankenwagen, Feuerwehr: **Tel. 911**

Post

Briefmarken gibt es in Postfilialen, an Zeitungskiosken oder in großen Drogerien mit integrierter Postfiliale. Infos zu Öffnungszeiten, Standorten und Gebühren: www.canadapost.ca. Karten und Briefe brauchen eine knappe Woche bis Europa.

Reisedokumente

Der Reisepass muss länger als der Aufenthalt gültig sein. Bei der Einreise müssen Rückreiseticket und die im Flugzeug ausgefüllte „Costums Declaration Form" vorgelegt werden. Kindereinträge im Reisepass eines Elternteils sind nicht gültig. Jedes Kind benötigt ein eigenes Ausweisdokument.
Seit 2015 muss vor dem Abflug nach Kanada online eine elektronische **Einreiseerlaubnis** (eTA-Verfahren) eingeholt werden. Die Gebühr beträgt 7 CAD, die Einreisegenehmigung wird für fünf Jahre erteilt. Info und Link zum Antragsformular: www.cic.gc.ca/english/visit/eta-facts-de.asp
Für Einreisen auf dem Land- oder Seeweg ist eine eTA nicht erforderlich.
Auf Verlangen der Zollbeamten kann es sein, dass man ausreichend finanzielle Mittel für den Aufenthalt nachweisen muss.

Reisezeit und Klima

Der Westen ist riesig mit einem vielseitigen Klima. Die **besten Reisemonate** sind von Mai bis September (für den Yukon empfiehlt sich Juni bis August) – an der Küste kann es im Sommer heiß werden. Im Norden sind aber selbst dann plötzliche Temperatureinbrüche, Frost, Schnee oder ein hoher Niederschlag möglich.
In **Vancouver** ist das Klima über das Jahr hinweg konstant mild, der Niederschlag kann aber auch im Sommer hoch sein, eine wasserdichte Jacke ist von Vorteil.
Wer mehrere Regionen/Territorien bereist, sollte von leichter Kleidung bis zu wärmeren Lagen alles dabei haben.
Im **Juli und August** sind in Nordamerika Schulferien: Hotels, National- und Provinzparks sowie Tourismusattraktionen reservieren. Ähnlich ist es an Feiertagswochenenden wie Victoria Day (Mo. vor dem 25. Mai) und Labour Day (1. Mo. im September).
Im **Indian Summer** Anfang Oktober herrscht Besucherandrang, ebenso in der Wintersportsaison (Anfang Dez.–April) und in den Weihnachts- und Osterferien.

Restaurants

Eigene Spezialitäten und Schwerpunkte findet man in jeder Region, generell ist die Auswahl in großen Städten vielseitiger und vor allem international: Neben dem Biotrend „Farm to Table" kann man aus einer Brandbreite von asiatisch über europäisch bis afrikanisch fündig werden.
Ausgewählte Restauranttipps werden auf den Infoseiten der jeweiligen Regionen vorgestellt. Dabei gelten folgende Preiskategorien:

Preiskategorien

€€€€	Hauptspeisen über 25 CAD
€€€	Hauptspeisen 18–25 CAD
€€	Hauptspeisen 12–18 CAD
€	Hauptspeisen unter 12 CAD

Sicherheit

Kanada gilt als sehr **sicheres Reiseland**. Man sollte sich aber vor allem in größeren Städten an der Hotelrezeptionen über Straßen oder Bezirke informieren, die als gefährlich gelten. An überfüllten Touristenorten Kameras und Wertgegenstände sicher aufbewahren.
In den kanadischen Parks geben Ranger Informationen über **Bären** und andere Tiere. Wer eine Wanderung oder eine Übernachtung im Freien plant, sollte Bärenspray mit sich führen. Generell gilt: Nie Essen oder Müll offen liegen lassen, kein Parfüm tragen und beim Wandern Lärm machen – eine Pfeife empfiehlt sich. Wenn plötzlich ein Bär auftaucht: nicht weglaufen oder auf einen Baum klettern! Ruhig bleiben, langsam rückwärts gehen und bei akuter Gefahr das Bärenspray einsetzen.

Souvenirs

Von der großen Mall bis zum kleinen Stand auf dem Designermarkt – in Kanadas Westen gibt es keinen Mangel an Shoppinggelegenheiten. Beliebte Mitbringsel sind indigener Silberschmuck, Lederwaren oder Mokassins sowie Cowboystiefel oder -hüte. Auch handgemachte Seifen oder Cremes finden sich auf Märkten. Wer einen „Taste of the West" mitnehmen möchte: Ahornsirup, Räucherlachs oder Wein aus dem Okanagan Valley sind die Favoriten.

Sprache

Im Westen des Landes wird Englisch gesprochen, teils auch Französisch oder Deutsch.

Ein beliebtes Sportgerät: die Treppen im Constable Ezio Faraone Park in Edmonton

Telefonieren

Telefonkarten („Calling Cards") für öffentliche Kartentelefone sind an Zeitungskiosken oder in der Drogerie erhältlich. Ferngespräche sind zwischen 23.00 und 8.00 Uhr Ortszeit am günstigsten, im Hotel können hohe Gebühren anfallen.

Vorwahl:
Kanada hat die Landesvorwahl 001
Vorwahl nach Deutschland: 01149
nach Österreich: 01143
in die Schweiz: 01141

Vergünstigungen

Senioren: Ab 60 fällt man in Kanada in die Kategorie „Seniors" - und bekommt dadurch eine Reihe Vergünstigungen angeboten. Kino-, Theater- und Konzerttickets haben meist einen „discount". Bei VIA Rail gibt es einen Rabatt von 10 Prozent, auch bei Fähren, Bussen und öffentlichen Verkehrsmitteln fährt man günstiger. Wenn nichts vermerkt ist: immer vor dem Kauf nachfragen.

Studierende: Ähnlich ist es bei Studierenden, die eine International Student Identity Card (ISIC) vorlegen.

Verkehrsmittel

Flugzeug Inland-Airlines wie Air Canada (www.aircanada.com), mit ihren regionalen Airlines, West Jet (www.westjet.com) und Air Transat decken ein dichtes Netz ab.
Fähren Gut ausgebaut sind die Routen von „BC Ferries" (Tel. +1 888 223 37 79, www.bcferries.com), die das kanadische Festland mit Vancouver Island, den Queen Charlotte Islands und kleineren Inseln verbinden.
Eisenbahn VIA Rail (www.viarail.ca) ist mit gut ausgebauten Routen wie „The Canadian" (Toronto – Vancouver), „Hudson Bay" (Winnipeg – Churchill) und „Skeena" (Jasper – Prince Rupert) eine Alternative zum Auto.
Beeindruckende Aussichten beschert der „Rocky Mountainer" (www.rockymountaineer.com) auf vier pittoresken Routen.

Zoll

Einreisende dürfen jeweils 1,1 Liter Spirituosen, 1,5 Liter Wein oder 8 Liter Bier, sowie 200 Zigaretten, 50 Zigarren oder 200 g Tabak zollfrei einführen. Zollfrei sind Geschenke im Wert bis 60 CAD pro beschenkte Person.
Strickt untersagt ist die Einfuhr von Fleisch oder Wurstwaren sowie Planzen, Samen oder Früchten.

Info

Wetterdaten
Vancouver

	TAGES-TEMP. MAX.	TAGES-TEMP. MIN.	TAGE MIT NIEDER-SCHLAG	SONNEN-STUNDEN PRO TAG
Januar	6°	0°	16	2
Februar	8°	1°	14	3
März	10°	3°	14	4
April	13°	5°	11	6
Mai	16°	8°	9	8
Juni	19°	11°	7	8
Juli	22°	13°	5	10
August	22°	13°	5	9
September	18°	10°	7	7
Oktober	14°	6°	12	4
November	9°	3°	17	2
Dezember	6°	1°	18	2

Joffre Lakes Provincial Park: Wer einmal Kanada besucht hat, will wiederkommen.

Register

Fette Ziffern verweisen auf Abbildungen

Impressum

1. Auflage 2017

Verlag: DuMont Reiseverlag, Postfach 3151, 73751 Ostfildern, Tel. 0711 45 02 0, Fax 0711 45 02 135, www.dumontreise.de
Geschäftsführer: Dr. Thomas Brinkmann, Dr. Stephanie Mair-Huydts
Programmleitung: Birgit Borowski
Redaktion: Dina Stahn
Text: Manuela Imre
Exklusiv-Fotografie: Frank Heuer
Titelbild: Ed Rhodes/Loop Images/laif (am Emerald Peak in den Rockies)
Grafische Konzeption, Art Direktion: fpm factor product münchen
Layout: CYCLUS · Visuelle Kommunikation, Stuttgart
Cover Gestaltung: Neue Gestaltung, Berlin
Kartografie: © MAIRDUMONT GmbH & Co. KG, Ostfildern
Kartografie Lawall (Karten für „Unsere Favoriten")
DuMont Bildarchiv: Marco-Polo-Straße 1, 73760 Ostfildern, Tel. 0711 45 02 266, Fax 0711 45 02 10 06, bildarchiv@mairdumont.com

Für die Richtigkeit der in diesem DuMont Bildatlas angegebenen Daten – Adressen, Öffnungszeiten, Telefonnummern usw. – kann der Verlag keine Garantie übernehmen. Nachdruck, auch auszugsweise, nur mit vorheriger Genehmigung des Verlages. Erscheinungsweise: monatlich.

Anzeigenvermarktung: MAIRDUMONT MEDIA, Tel. 0711 45 02 0, Fax 0711/4502-1012, media@mairdumont.com, http://media.mairdumont.com
Vertrieb Zeitschriftenhandel: PARTNER Medienservices GmbH, Postfach 810420, 70521 Stuttgart, Tel. 0711 72 52 212, Fax 0711 72 52 320
Vertrieb Abonnement: Leserservice DuMont Bildatlas, Zenit Pressevertrieb GmbH, Postfach 810640, 70523 Stuttgart, Tel. 0711 72 52 265, Fax 0711 72 52 333, dumontreise@zenit-presse.de
Vertrieb Buchhandel und Einzelhefte: MAIRDUMONT GmbH & Co KG, Marco-Polo-Straße 1, 73760 Ostfildern, Tel. 0711 45 02 0, Fax 0711 45 02 340
Reproduktionen: PPP Pre Print Partner GmbH & Co. KG, Köln
Druck und buchbinderische Verarbeitung: NEEF + STUMME premium printing GmbH & Co. KG, Wittingen, Printed in Germany

FSC
www.fsc.org
MIX
Papier aus verantwortungsvollen Quellen
FSC® C001857

Vorschau

Russischer Barock in seiner ganzen Pracht: die Jordantreppe im Winterpalais.

Brauchtum ist in Kärnten ein Thema – nicht nur beim Villacher Kirchtag.

Kärnten

Blaue Kronjuwelen
In Kärnten gibt es über 1200 Seen. Da hat man die Qual der Wahl. Abseits der überlaufenen Strandbäder locken ein paar feine kleine Badeseen zum Sprung ins kühle Nass.

Ein Zukunftsmodell?
Wie schützt man die Natur ohne den Menschen komplett daraus zu verbannen? Ein gutes Beispiel ist der Nationalpark Hohe Tauern, wo man Tourismus und Landschaftsschutz in Einklang zu bringen versucht.

Staunend wandern
Auf Lehrpfaden kann man herrlich wandern und gleichzeitig den Horizont erweitern, wir haben die reizvollsten für Sie ausgewählt.

St. Petersburg

Zarenpracht und Zarenmacht
Mehr als 200 Museen und Paläste erinnern an die Zarenzeit und dann sind da noch die Sommerresidenzen im Umland: Peterhof mit seinen Wasserspielen und Zarskoje Selo mit dem legendären Bernsteinzimmer.

Unterwegs im Untergrund
Ohne die Metro ist das Leben in St. Petersburg kaum vorstellbar – begleiten Sie uns auf einer Tour durch Stalins „Kathedralen".

Einkaufen mal anders
Der Autor des Bandes lebt seit Jahren in St. Petersburg. Er weiß, wo man am besten Bernstein, russische Uhren, kaiserliches Porzellan oder russische Designermode erstehen kann.

www.dumontreise.de

Lieferbare Ausgaben

DEUTSCHLAND
119 Allgäu
092 Altmühltal
105 Bayerischer Wald
180 Berlin
162 Bodensee
175 Chiemgau, Berchtesgadener Land
013 Dresden, Sächsische Schweiz
152 Eifel, Aachen
157 Elbe und Weser, Bremen
168 Franken
020 Frankfurt, Rhein-Main
112 Freiburg, Basel, Colmar
028 Hamburg
026 Hannover zwischen Harz und Heide
042 Harz
023 Leipzig, Halle, Magdeburg
131 Lüneburger Heide, Wendland
188 Mecklenburgische Seen
038 Mecklenburg-Vorpommern
033 Mosel
190 München
047 Münsterland
015 Nordseeküste Schleswig-Holstein
006 Oberbayern
161 Odenwald, Heidelberg
035 Osnabrücker Land, Emsland
002 Ostfriesland, Oldenburger Land
164 Ostseeküste Mecklenburg-Vorpommern
154 Ostseeküste Schleswig-Holstein
136 Pfalz
040 Rhein zw. Köln und Mainz
185 Rhön
186 Rügen, Usedom, Hiddensee
137 Ruhrgebiet
149 Saarland
182 Sachsen
081 Sachsen-Anhalt
117 Sauerland, Siegerland
159 Schwarzwald Norden
045 Schwarzwald Süden
018 Spreewald, Lausitz
008 Stuttgart, Schwäbische Alb
141 Sylt, Amrum, Föhr
142 Teutoburger Wald
170 Thüringen
037 Weserbergland
173 Wiesbaden, Rheingau

BENELUX
156 Amsterdam
011 Flandern, Brüssel
179 Niederlande

FRANKREICH
177 Bretagne
021 Côte d'Azur
032 Elsass
009 Frankreich Süden Languedoc-Roussillon
019 Korsika
071 Normandie
001 Paris
115 Provence

GROSSBRITANNIEN/IRLAND
187 Irland
130 London
189 Schottland
030 Südengland

ITALIEN/MALTA/KROATIEN
181 Apulien, Kalabrien
017 Gardasee, Trentino
110 Golf von Neapel, Kampanien
163 Istrien, Kvarner Bucht
128 Italien, Norden
005 Kroatische Adriaküste
167 Malta
155 Oberitalienische Seen
158 Piemont, Turin
014 Rom
165 Sardinien
003 Sizilien
140 Südtirol
039 Toskana
091 Venedig, Venetien

GRIECHENLAND/ZYPERN/TÜRKEI
034 Istanbul
016 Kreta
176 Türkische Südküste, Antalya
148 Zypern

MITTEL- UND OSTEUROPA
104 Baltikum
094 Danzig, Ostsee, Masuren
169 Krakau, Breslau, Polen Süden
044 Prag
193 St. Petersburg

ÖSTERREICH/SCHWEIZ
004 Salzburger Land
192 Kärnten
139 Schweiz
144 Tirol
147 Wien

SPANIEN/PORTUGAL
043 Algarve
093 Andalusien
150 Barcelona
025 Gran Canaria, Fuerteventura, Lanzarote
172 Kanarische Inseln
124 Madeira
174 Mallorca
007 Spanien Norden, Jakobsweg
118 Teneriffa, La Palma, La Gomera , El Hierro

SKANDINAVIEN/NORDEUROPA
166 Dänemark
153 Hurtigruten
029 Island
099 Norwegen Norden
178 Norwegen Süden
151 Schweden Süden, Stockholm

LÄNDERÜBERGREIFENDE BÄNDE
123 Donau – Von der Quelle bis zur Mündung
112 Freiburg, Basel, Colmar

AUSSEREUROPÄISCHE ZIELE
183 Australien Osten, Sydney
109 Australien Süden, Westen
024 Dubai, Abu Dhabi, VAE
160 Florida
036 Indien
027 Israel, Palästina
111 Kalifornien
031 Kanada Osten
191 Kanada Westen
171 Kuba
022 Namibia
041 New York
184 Sri Lanka
048 Südafrika
012 Thailand
046 Vietnam